Ceolta Gael 2

Mánus Ó Baoill

D1275020

OSSIAN

Published by
Ossian Publications
14-15 Berners Street, London, W1T 3LJ, UK.

Exclusive Distributors:
Music Sales Limited
Distribution Centre, Newmarket Road,
Bury St Edmunds, Suffolk, IP33 3YB, UK.

Music Sales Corporation
257 Park Avenue South, New York, NY 10010
United States Of America.

Music Sales Pty Limited
120 Rothschild Avenue,
Rosebery, NSW 2018, Australia.

Order No. OMB121
ISBN 978-1-900428-55-2

Originally published in 1986, Mercier Press Cork,
© Réamhrá, tiomsú agus cóiriú Mánus Ó Baoill 1986.
This edition © Copyright 2007 Novello & Company Limited,
part of The Music Sales Group.

www.musicsales.com

RÉAMHRÁ

Tá dhá amhrán agus seachtó sa dara cnuasach seo de 'Ceolta Gael', amhráin atá, tá súil agam, chomh hilchineálach agus a bhí na hamhráin sa chéad imleabhar.

Scríobhtar na focail ina n-iomlán ach sna háiteacha sin ina mbeadh amhras fá mhodh a gceolta dá bhfágfaí achan litir ina ghnáth-ionad. Ní dhéantar iarracht ar bith i nodaireacht an cheoil ornáidí, tréitheacha an traidisiúin, a scríobh síos, ach tairgtear leagan lom de gach tiúin a fhágann foilsiú do shamhlaíocht agus do chumas an amhránaí. Dá bhrí sin, ní mór a thuigbheáil nach bhfuil sna barralínte ach comharthaí le taispeáint go gcuirtear béim ar na céad siollaí a leanann iad, agus nach gá a bheith dílis do fhad an bharra iomlán nó do fhad daingean na nótaí aonaracha.

Bealtaine 1986   Mánus Ó Baoill

CLÁR

5

'AINNIR DHEAS NA gCIABHFHOLT DONN

'S é deir Colmcille liom go hIfreann nach dtéid fial,
Lucht an tsaibhris go gceileann siad a bpáirt mhór le Dia;
Nach mór an tubaiste d'aon duine á dearnadh ariamh
Oiread a chruinniú agus choinneodh as Parrthas é?

Thréig mé lucht an Bhéarla agus búclaí bróg;
Thréig mise an méid sin mar gheall ort, a stór,
Mar i ndúil go mbeinn 's tú, 'chéadsearc, maidin chiúin cheo
Is sinn ag éisteacht le géimneach ár sealbháin deas bó.

D'imigh mé mar d'imeodh mo shnua agus mo ghné,
D'imigh mé mar d'imeodh fáinní geala an lae,
D'imigh mé mar d'imeodh an sneachta den ghréin,
Nó mar bheinn ar oileán 's thiocfadh an tuile orm is bháithfí mé.

Go mbreacaí mo dhá mhala agus go liathfaí mo cheann
Chomh geal leis an eala atá ar Shliabh Uí Fhloinn,
Go dté mo bhean i dtalamh agus 'na diaidh sin a clann
Beidh cuimhne agam ort, 'ainnir dheas na gciabhfholt donn.

AMHRÁINÍN SIODRAIMÍN

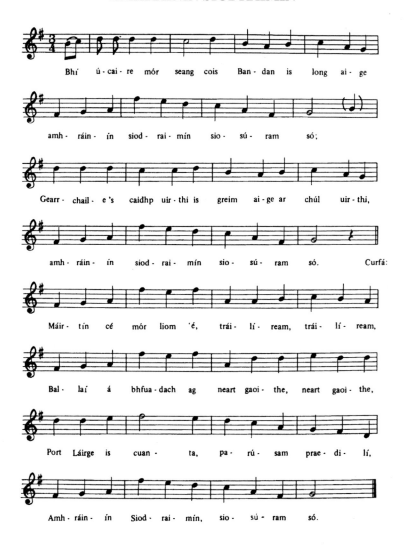

Bhí úcaire mór seang cois Bandan is long aige
Amhráinín siodraimín, siosúram só
Gearrchaile 's caidhp uirthi, greim aige ar chúl uirthi
Amhráinín siodraimín, siosúram só.

Máirtín, cé mór liom é, tráilíream, tráilíream,
Ballaí á bhfuadach ag neart gaoithe, neart gaoithe;
Port Láirge is cuanta, parúsam praedilí,
Amhráinín, siodraimín, siosúram só.

Curfá:
Bhí seanbhean sa tinteán is bannlámh de phíopa aici;
Tobac ar an urlár ina shúgán mar shúiste aici.

Curfá:
Go baile Chionn tSáile chuaigh Máirtín ag píobaireacht;
Bhailigh bean is fiche ar mire ina thimpeall ann.

Curfá:
Lean Molly sa bhád é, 's a mháthair á tionlacan;
Ba ghairid ina dhiaidh sin go raibh Máirtín ar chrúca acu.

Curfá:
Tá úcaire mór seang cois Bandan is cúram air;
Beirt bhan sa tinteán is cliabhán sa chlúid aige.

Curfá:

AMHRÁN NA TRÁ BÁINE

Mo mhíle slán leat, 'Éirinn bhocht, is nach breá an rud é an tEarrach féin;
Níl caint ar obair bhosannaí nó rud ar bith mar é:
Seal ag tarraingt fheamainne, ag cur fhataí nó ag baint fhéir
Is níl fear ar bith dá bhoichte nach bhfuil feilm aige féin.

Mo mhallacht ar na curachaí is mo bheannacht ar na báid;
Mo mhallacht ar na curachaí atá thiar insan Trá Bháin;
Siad a bhain mo cheathrar driothár dhíom a raibh feilm acu ann
Is nach cuma leis an gCeallach é mar 'sé atá ina n-áit.

Is báthadh Seán is Peadar orm is bhí caitheamh agam ina ndiaidh;
Níor fhill mo dhriothár Máirtín a báthadh fadó riamh;
Mo Mhicil Bán ba mheasa liom dhá dtáinig romham ariamh,
Ach mo mhallacht don tonn bháite, sí d'fhág mo cheann liath.

Muise shoraidh dhíbhse a dhriotháireachaí nach dtagann isteach i dtír;
Chaoinfeadh mná an bhaile sibh, bhur gcleamhnaí is bhur ngaoil;
Chuirfí cónra gheal oraibh amach déanta ó láimh an tsaoir
Is ní bheadh sibh dhá bpocáil idir. fairrgí is dhá gcur ó thaobh go taobh.

An gcuimhníonn sibhse, a chailíní, an lá ar fhága mé an Trá Bháin?
Ní bhfuair mé an té a chuir comhairle orm ná dúirt liom fanacht ann
Chun fhágfas Dia mo shláinte agam agus caraid Rí na nGrást
Ó pé ar bith áit dá rachaidh mé ní fhillfidh mé go brách.

Tá caitheamh is cáin ar Éirinn bhocht agus mh'anam féin nach cóir;
Tá an fear ag baint na bhfataí ann is an bhean ag bleán na bó;
'S é an *rule* atá in South Boston 'déan obair nó lig dhó',
Is má shaothraíonn an bhean ach *dollar* ann tá an fear amuigh dhá ól.

A MHUIRE 'S A RÍ

A Mhuire 's a Rí gan orm na méara
'Bhuailfeadh port ar phíobaí ceoil;
Bhuailfinn port aoibhinn an taobh seo den tír
Nach gcuala sibh riamh a leithéid go fóill.

Níl cuach ar chrann a rachadh chun scaoil,
Níl giorria i dtom nach bhfuígfeadh an saol,
Nil duine 'bhfuair bás nach n-éireodh slán
Le haoibhneas mo mhálaí ag séideadh ceoil.

Is buartha bocht imníoch a chaith mise an geimhreadh,
Gorta agus ampla tharam go leor;
Cuid de mo mhuintir idir dhá chontae,
Cuid i bhFear Manach agus cuid i dTír Eoghain.

Ach tiocfad ar ball le ruaiteacht an tsamhraidh
Is buailfead go teann mo bhata ar an bhord;
Suífead i seomra is scairtfead ar dhram,
'S é a déarfaidh sí liom 'Cuir glac ar a scorn'.

Glórthaí gan suim a chuir sí i mo cheann,
An bhean a dúirt liomsa go gceannóinn bó,
Is gan a fhios cén poll a bhfuígfí í ann
Is nach n-ólfainnse pionta dá bainne go deo.

Tá bainne agus im go fairsing le roinnt
Ag mná Mhín na gCuibhreann is mo bheansa gan deoir,
An bhean is fearr a bheadh liom 'si is fearr a gheobhadh roinnt
Dá ngluaisfeadh sí liom ar fud an tsaoil mhóir.

BABARÓ

Ba mheidhreach séimh céad rún mo chléibh in éineacht liomsa tráth,
Babaró is óró 'mhíle grá,
Ba réidh a chéim ag siúl na sléibhte aniar ón ngarraí bán,
Babaró is óró 'mhíle grá.
Babaró is óró 'mhíle grá,
Ghabh mo bhuachaill córach uaim thar sáile,
Ach bhéarfaidh Dia na nGrásta é do mo chroí arais go slán,
Babaró is óró 'mhíle grá.

14

An bhfaca tú mo bhuachaill dubh is é ag rómhar na mbán?
Babaró is óró 'mhíle grá,
Níor lonraigh grian ar mhac na bhfiann ba ghile snó is bláth,
Babaró is óró 'mhíle grá.
Babaró is óró 'mhíle grá,
Ba chumhraí é ná plúr san fhéar ag fás,
Ach chuaigh sé ag triall san fharraige siar is d'fhág mo chroí go tláith,
Babaró is óró 'mhíle grá.

BADAÍ NA SCADÁN

'Neos foireann an bháid a b'fhearr a d'fhág Inis Fraoigh,
Is iad ag tarraingt san áit a raibh bádaí na scadán ina luí;
Ar bhuilg gur fágadh is gan tárrtháil orthu taraor,
Is mo bhuachailín bán deas a sheinnfeadh an fhidil is an phíob.

Is measa liom Eoghan ná scór de fhearaibh an tsaoil,
Is é a chuirfeadh ar bord is nach mór a lagaigh sé an tír;
Tá Macan bocht buartha, Nóra bheag is a iníon,
Is dar liom ar ndóigh go bhfuil dólás mór fada ar a mhnaoi.

15

A Fheargail, a dheartháir, má tá tú i bhFlaitheas na Naomh,
Iarr fortacht ar an Ard Rí lena bhfáil ins an chladach seo thíos;
Mura bhfaighfí ach a gcnámha dá mbíodh ar na leaca ag n-a thaobh
Bheadh a athair bocht sásta agus áthrach mór fada ar a shaol.

Níor mhaith liom do shúil, riú, bheith brúite tuirseach i ngreann
Is do chorpán geal úr a bheath ag súgradh ar bharra na dtonn,
Na maidí a bhí fút ag lúbadh tharat anall;
Bhí do lámh ar an stiúir is tú ag dúil le bheith i bhFlaitheas gan mhoill.

Dá bhfeicfeá Eoghan Mór is é ag cuartú cladach is poll
Ag iarraidh tuairisc na mbuachaill a fuadaíodh amach ar an toinn,
Shiúil sé na cuantaí ach níor dhual dó a leithéid a fháil ann
Ach go bhfuarthas a dtuairisc thuas ar an Iomaire Cham.

BEAN AN LEANNA

Ó a - gus éi - righ i do shuí a bhean an lean - na

Is ná fan le do chai - pín a

ghléas Nó go dtu - ga tú dúinn

braon uis - ce bea - tha Ná

braon de do chuid lean - na féin. A - gus

bei - mid ag ól go dtí an mhai - din Seo

sláin - te na bhfear uilig go léir Nuair a

fhá - gas an mhais - treás an bai - le Beidh an

cai - lín is dei - se agam féin.

Ó agus éirigh i do shuí, a bhean an leanna,
Is ná fan le do chaipín a ghléas,
Nó go dtuga tú dúinn braon uisce beatha
Ná braon de do chuid leanna féin.
Agus beimid ag ól go dtí an mhaidin
Seo sláinte na bhfear uilig go léir,
Nuair a fhágas an mhaistreás an baile
Beidh an cailín is deise agam féin.

Is a Thiarna, céard a dhéanfas mé amárach,
Nuair a fheicfeas mé mo ghrá ag dul aniar
Is gan gáir agam a theacht ina láthair
Leis an méid a bhí eadrainn ariamh.
Nuair a smaoiním ar a súgradh is ar a gáire
Is ar a dhá láimhín gheala a bhí fial,
Nach dtiteann mo chroí istigh i ndólás
Agus goileann mé mórán ina diaidh.

Bhí mise tráthnóna is mé súgach
Is mé ag triall ar tigh Mhicil sa ngleann,
Bhí steancán de sheanphíobaire caoch ann
Agus juga póitín líonta aige ar chlár.
Ó thiteamar marbh lag thíos ann,
Níor fhan mothú inár gcois ná inár láimh.
Seo sláinte féile ár sinsear
Agus íocfaidh mé féin an reicneáil.

BEAN PHÁIDÍN

Curfá:

'S é an trua ghéar nach mise, nach mise, 's é an trua ghéar nach mise
  bean Pháidín,
'S é an trua ghéar nach mise, nach mise, is an bhean atá aige a bheith
  caillte.

Rachainn go Gaillimh, go Gaillimh, is rachainn go Gaillimh le Paidín,
Rachainn go Gaillimh, go Gaillimh, is thiocfainn abhaile sa mbád leis.

Curfá:

Rachainn go haonach an Chlocháin, is siar go Béal Átha na Báighe;
Bhreathnóinn isteach tríd an bhfuinneog, ag súil is go bhfeicfinn
   Bean Pháidín.

Curfá:

Go mbristear do chosa, do chosa, go mbristear do chosa, a bhean Pháidín,
Go mbristear do chosa, do chosa, go mbristear do chosa is do chnámha.

Curfá:

BRÍD BHÁN

20

Ní hionann liomsa an sliabh is an baile atá i mo dhiaidh,
Is a Dhia, gan mise arís ann,
Gan mé ins an teach mór atá déanta ar thaobh an róid,
Is mise bheith ann gan bhó gan chaora.
Ní bheinn i bhur gcró anois ag teacht an Domhnaigh
Bheadh an tAifreann do mo chomhair, is mo dhaoine,
Is dá mba liomsa Éire, anuas ó Loch Éirne
Gur i dTeileann a b'fhearr liom bheith i mo chónaí.

A Bhríd bhán, a rún, glac misneach rómhór,
Agus ná cluintear níos mó thú ag éagaoin,
Is nach bhfuil ní ar an domhan a bhfaca tú le feabhas
Nach mbeidh againn sa bhaile úd a mbéimid.
Caoraigh agus gabhair, capaill agus buaibh,
Is dá mba uain go bhfaighimis féar daobhtha,
Nach ródheas an áit seo i dtóradh is i ngrán,
Agus an bradán ar an abhainn ag léimnigh.

Tá na caoraigh anseo gan dóigh, crupán ar na buaibh,
Agus galar ar na gabhair sna haltaibh;
Meadú mo bhrón, níl anseo ach móin,
Is an chíb dhubh ní áirímse ina féar í.
An méid bradán agus éisc dar shnámh i gcuan Theilinn ariamh,
Is taradh siad aniar faoin gharraí,
Ní thógaimse mo shúil, le tuirse is le cumha,
Ó tháinig mé in bhur gclúid ghránna.

BRÍD BHÉASACH

Mo chreach is mo chrá mór nach fíon an t-uisce,
Nach arán plúir bun na ngiolcach,
Nach coinnle geala barr an bhiolair,
Mar bhíos mo ghrása ag teacht is ag imeacht.

Plóid ar an phósadh, is mairg a níos é,
Is geal ar dtús is is dubh arís é;
Is iomaí maighdean deas óg a chloígh sé,
A ceann ar a glúiní is a súile ag síorghol.

Sé dúirt Bríd bhocht is í breá críonna,
'Céad agus bliain mé ag tús na míosa,
Ag siúl fá bhóithre is ar fud na tíre;
Ó, tá mé díomhaoin is beidh a choíche.'

BRÍD THOMÁIS MHURCHA

Is a Bhideach na gcarad, tuig feasta nach súgradh é,
Ó thug mo chroí gean duit ar mhalairt ná diúltaigh mé,
Má shíl tú mé a mhealladh le bladar deas ciúin do bhéil,
Ach go dtug mise gean duit seachas cailíní deasa an tsaoil

22

Is a Bhríd Thomáis Mhurcha, molaimse an barr leat féin,
Ar ghile, ar fhinne, ar dheise is áille méin;
Tá a cúilín deas triopallach is í fite mar thrilseán óir,
Is an té a bheadh gan amharc, go dtabharfadh sí soilse dó.

Rachad go Gaillimh go gceannaí mé gairdín úll,
Loingeas ar farraige le haghaidh bheith ag déanamh spóirt,
Ag filleadh ó Shligeach dom agus leid bheag a fháil do mo chomhair,
Is ní chónóinn fá bhealach go mblaisfinn de phóg mo stóir.

Má bhí mise folamh, dar m'fhocal, ba mhór an scéal,
Is a liachtaí bean deas a thug taitneamh do ghlór mo bhéil,
Dá mbeadh sé ag cur seaca, ag cur sneachta i ngach ceard den spéir,
Ach tusa a bheith i m'aice, ní aireoinnse buaireamh an tsaoil.

Is a Aonmhac Mhuire, a chuir an cuileann tríd an bhféar ag fás,
Nach mise an trua Mhuire is mé ag cailleadh lúth na ngéag le grá?
Ach má tá sé inár gcinniúint nach féidir dúinn a chéile a fháil,
Bíodh tusa i do choinneal is beidh mise i mo fhéileacán.

BRUACH DHÚIN RÉIMHE

Ag bruach Dhúin Réimhe ar uaigneas lae
Ba snuamhar géaga bláthgheal;
Chualas géimneach chuantaí Éireann,
Is fuaim sa spéir anairde.
Na dúile i bpéin is a gcúl le chéile
Is gnúis na gréine báite,
Agus plúr na n-éan ag fuagradh scéil
Le cumha gur éag na cága.

Nár chloíte mé i mo luí i bpéin
Go bhfaighinnse scéal an ábhair,
Tar éis críochnaithe an tsaoil, mar a mhíníos cléir,
Bhí triall ar Ghaeil an lá sin.
Bhí uafás gaoth ag fuaimniú an aeir
Le síorchur laoige is tairní,
Is na hualaigh éisc le gruaim gur éag,
Ina gcuail ar thaobh na tráighe.

Tráth thiontaigh an spéir is gach ní faoin ghréin,
Is an saol faoi éicliops ábhail,
Smaoineas féin gur mhithid dom teitheadh
Go dún na gcraobh is na fáilte;
D'éirigh an smaolach cumhra béilbhinn
Suas ar ghéagán láimh liom,
Is ba bhinne ná téada milse Orphéus
Ceiliúr an éin a ba áille.

A smaolaigh chléibh, ó tchí tú féin
Gur cloíodh sliocht Gael san áit seo,
Tabhair iarraidh léim i lúb san aer,
Is beir sitheadh géar thar sáile
Mar a bhfuighidh tú fréamh de ghaol Uí Néill
I dtíortha tréana na Spáinne,
Is aithris don méid a mhairfeas ón éag
Gur scaoileadh a n-aolchloch álainn.

CAD É SIN DON TÉ SIN?

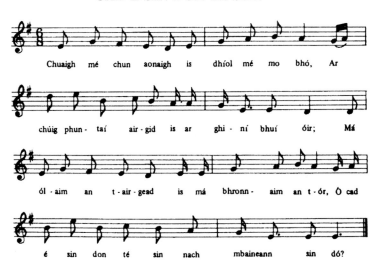

Chuaigh mé chun aonaigh is dhíol mé mo bhó,
Ar chúig phunta airgid is ar ghiní bhuí óir,
Má ólaim an t-airgead is má bhronnaim an t-ór,
Ó, cad é sin don té sin nach mbaineann sin dó?

25

Má théim go coill chraobhach a phiocadh sméara nó cnó,
A bhaint úlla de ghéaga nó a bhuachailleacht bó,
Is má shínim seal uaire faoi chrann ag déanamh só,
Ó, cad é sin don té sin nach mbaineann sin dó?

Má théimse chuig airneál is rince is spórt,
Chuig aonach nó rasaí is gach cruinniú den tsórt;
Má tchím daoine súgach is má bhím súgach leo,
Ó, cad é sin don té sin nach mbaineann sin dó?

Deir daoine go bhfuil mé gan rath is gan dóigh,
Gan earra, gan éadáil, gan bólacht ná stór;
Ach má tá mise sásta i mo chonaí i gcró,
Ó cad é sin don té sin nach mbaineann sin dó?

CAILLEACH AN AIRGID

Curfá: 'Sí do Mhaim - eó í, 'sí do Mhaim - eó í,
'Sí do Mhaim - eó í, Caill - each an air - i - gid,
'Sí do Mhaim - eó í, ó Bhaile Iorrais Mhóir í,
's chuir - feadh sí cóis - tí ar bhói - thre Chois Fharr - ai - ge
'bhFeic - fea - sa an 'steam' 'dul siar Tóin Uí Loing, is na
ro - thaí 'dul tim - peall siar ó - na ceath - rú - naí,
chaith - feadh sí an stiúir naoi n - uair ar a cúl, Is ní
choinn - eodh sí siúl le Caill - each an air - i - gid.

'S í do Mhaimeo í, 's í do Mhaimeo í,
'S í do Mhaimeo í cailleach an airgid;
'S í do Mhaimeo í, ó Bhaile Iorrais Mhóir í,
'S chuirfeadh sí cóistí ar bhóithre Chois Fharraige.

'bhFeicfeása an *steam* ag dul siar Tóin Uí Loing,
Is na rothaí ag dul timpeall siar óna ceathrúnaí,
Chaithfeadh sí an stiúir naoi n-uair ar a cúl,
Is ní choinneodh sí siúl le cailleach an airgid.
'S í do Mhaimeo í *srl.*

'Measann tú an bpósfadh, 'measann tú an bpósfadh,
'Measann tú an bpósfadh cailleach an airgid?
Tá a fhios agam nach bpósfadh, tá a fhios agam nach bpósfadh,
Mar tá sé ró-óg agus d'ólfadh sé an t-airgead.
'S í do Mhaimeo í *srl.*

Is gairid go bpósfadh, is gairid go bpósfadh,
Is gairid go bpósfadh beirt ar an mbaile seo;
Is gairid go bpósfadh, is gairid go bpósfadh
Seán Shéamuis Mhóir agus Máire Ní Chathasaigh.
'S í do Mhaimeo í *srl.*

AN CAIPTÍN Ó MÁILLE

28

Is an chéad lá de mhí an Fhómhair sea chroch muid na seoltaí,
Ag tarraingt ar na cóstaí, tóin an Bhuinneáin siar,
Thart anseo le Cliara, Achaill Bheag taobh thiar dhe,
Go hInis Toirc dhá dtrialladh bheadh aoireacht orainn ann.
Thart le Rinn an Mhaoile agus síos go Cruach na Caoile,
An Cloigeann lena thaobh sin is Trá Bhríde ina dhiaidh,
Gur dhruideamar le fána trí fharraige is í ag cathadh,
Go ndeachaigh muid don Ratha mar is ann a bhí ár dtriall.

Ag síneadh dhúinn le hÁrainn, Ó, mhéadaigh orainn gála,
Bhí cúrsaí istigh ar thrá againn is níorbh é an trá failthí é,
Mar go dtáinig sé chun feothain is as sin chun gaoithe móire
Is gur chroch muid na seolta is níor mhór dhúinne é in am.
An fharraige gur léim sí agus las na tonnta tréana,
Ó, chreathnaigh na spéartha agus mhéadaigh ar an gceo;
Is dá mbeadh caint ag na clára nach n-inseoidís scéal cráite,
Is a ghairdeacht is a chuaigh an bás dhúinn is gan eadrainn ach iad?

Bhí criú na loinge in aon chor ag iompú ar chlár m'éadain,
Le súil le cabhair a dhéanamh is gan aon mhaith dhóibh ann,
Ach séard a dúirt mé leo in aon chor go ndéanfainn dóibh a bhféadfainn,
Ag iompair a gcuid éadaigh an fhad is a b'fhéidir léi snámh.
Tá mo lámha stróicthe go síoraí ag tarraingt ropaí,
Tá an craiceann is an fheoil éirithe amach ón gcnámh,
Ach más é an bás a gheall Mac Dé dhúinn, ní féidir dhúinn a shéanadh,
Ach a dhul go Flaitheas Dé dhúinn ar aon stáid amháin.

CÁ RABHAIS AR FEADH AN LAE UAIM?

Cá rabhais ar feadh an lae uaim, a bhuach - aill - ín ó? Cá rabhais ar feadh an lae uaim, a lao ghil is a stór? Bhios ag fiach is ag fabh - lae - reacht, a mhái - thrín ó, A - gus cóir - igh mo lea - ba, táim breoi - te go leor.

Cá rabhais ar feadh an lae uaim, a bhuachaillín ó?
Cá rabhais ar feadh an lae uaim, a lao ghil is a stór?
Bhíos ag fiach is ag fabhlaereacht, a mháithrín ó,
Agus cóirigh mo leaba, táim breoite go leor.

Cad d'ithis do do dhinnéar, a bhuachaillín ó?
Cad d'ithis do do dhinnéar, a lao ghil is a stór?
D'itheas sicíní nimhe ar phláitíní óir,
Agus cóirigh mo leaba, táim breoite go leor.

Cad fhágair ag do athair, a bhuachaillín ó?
Cad fhágair ag do athair, a lao ghil is a stór?
Mo chóiste is ceithre capaill, a mháithrín ó,
Agus cóirigh mo leaba, táim breoite go leor.

Cad fhágair ag do mháthair, a bhuachaillín ó?
Cad fhágair ag do mháthair, a lao ghil is a stór?
Mo bha is mo chuid talamh, a mháithrín ó,
Agus cóirigh mo leaba, táim breoite go leor.

Cad fhágair ag do mhnaoi pósta, a bhuachaillín ó?
Cad fhágair ag do mhnaoi pósta, a lao ghil is a stór?
Fagfad croch chun í a chrochadh is téad láidir chóir,
Agus cóirigh mo leaba, táim breoite go leor.

CEO DRAÍOCHTA

Ceo draíochta i gcoim oíche do sheol mé
Trí thíortha mar óinmhid ar strae,
Gan priomhcharaid díograis i mo chóngar,
Is mé i gcríocha thar mo eolas i gcéin;
Do shíneas go fíorthuirseach deorach
I gcoill chlúthar, chnómhar liom féin
Ag guíochtain chun rí ghil na glóire,
Is gan ní ar bith ach trócaire i mo bhéal.

Bhí líonrith i mo chroíse gan gó ar bith
San choill seo gan glór duine i mo ghaobhar,
Gan aoibhneas ach binnghuth na smólach
Ag síorchantain cheoil ar gach géag;
Le mo thaobh gur shuigh síbhruinneall mhómharach,
I bhfíor is i gclóchruth mar naomh,
Ina gnaoi do bhí an lí gheal le rósa
Ag coimheascar, is narbh eol dom cé ghéill.

CEOL AN PHÍOBAIRE

Má phósann tú an siostalóir is tusa bheas ag caoineadh,
'Mhuirnín dílis is 'fhaoileann óg,
Beidh tú do do thachtadh le barrach na tíre,
'Mhuirnín dílis is 'fhaoileann óg.
Ó beidh tú i do shuí go mbeidh sé an meán oíche
Ag síordhó na gcoinneal 's ag sciobadh an lín dó,
Ach ba mhíle b'fhearr duit mise agat is ceol binn mo phíbe,
A mhuirnín dílis is 'fhaoileann óg.

Má phósann tú an fíodóir is tú bheas ag caoineadh,
A mhuirnín dílis is 'fhaoileann óg,
Beidh céad luig lag ag an úim dá scaoileadh,
A mhuirnín dílis is 'fhaoileann óg.
Beidh tú i do shuí go mbeidh sé an meán oíche
Ag síordhó na gcoinneál 's ag crónán fán íneadh,
Ach ba mhíle b'fhearr duit mise agat is ceol binn mo phíbe,
A mhuirnín dílis is 'fhaoileann óg.

Má phósann tú an táilliúir is tú bheas ag caoineadh,
A mhuirnín dílis is 'fhaoileann óg,
Beidh sop i mbéal a dhorais mar bheadh mada ar charnán aoiligh,
A mhuirnín dílis is 'fhaoileann óg.
Beidh tú i do shui go mbeidh sé an meán oíche
Ag síordhó na gcoinneal 's ag créimneáil na bpíosaí,
Ach ba mhíle b'fhearr duit mise agat is ceol binn mo phíbe,
A mhuirnín dílis is 'fhaoileann óg.

CILL AODAIN

A - nois teacht an Earr - aigh beidh an lá dul chun sín - eadh, Is tar
éis na Féile Brí - de ar - dóidh mé mo sheol. Ó
chuir mé i mo cheann é ní chó - nóidh mé choí - che go
seas - faidh mé síos i lár chon - tae Mhuigh – Eo. I
gClár Chlain - ne Mhuir - is bhéas mé an chéad oí - che, Is i
mBal - la taobh thíos de thos - ós mé ag ól; Go
Coill - te Mách Rach - fad go ndéan - fad cuairt mhíosa ann, I
bhfog - as dhá mhí - le do Bhéal an Átha Mhóir.

Anois teacht an Earraigh beidh an lá ag dul chun síneadh
Is tar éis na Féile Bríde ardóidh mé mo sheol,
Ó chuir mé i mo cheann é ní chónoidh mé choíche
Go seasfaidh mé síos i lár Chontae Mhuigh Eo.
I gClár Chlainne Mhuiris a bheas mé an chéad oíche,
Is i mBalla taobh thíos de a thosós mé ag ól,
Go Coillte Mách rachad go ndéanfad cuairt mhíosa ann
I bhfogas dhá mhíle do Bhéal an Átha Mhóir.

34

Fágaim le huacht é go n-éiríonn mo chroíse,
Mar a éiríonn an ghaoth nó mar a scaipeann an ceo,
Nuair a smaoiním ar Cheara nó ar Ghaileang taobh thíos de
Ar Sceathach an Mhíle nó ar phlánaí Mhaigh Eo;
Cill Aodáin an baile a bhfásann gach ní ann,
Tá sméara is subh craobh ann is meas ar gach sórt,
Is dá mbeinnse i mo sheasamh i gceartlár mo dhaoine
D'imeodh an aois díom is bheinn arís óg.

Bíonn cruithneacht is coirce, fás eorna is lín ann,
Seagal i gcraobh ann, arán plúir agus feoil,
Lucht déanta póitín gan *licence* á dhíol ann,
Móruaisle na tíre ann ag imirt is ag ól.
Tá cur agus treabhadh is leasú gan aoileach,
Is iomaí sin ní ann nár labhair mé go fóill,
Áitheanna is muilte ag obair gan scíth ann,
Dheamhan caint ar phingin cíosa ná dada dá shórt.

CILL CHAIS

Cad a dhéanfaimid feasta gan adhmad?
Tá deireadh na gcoillte ar lár,
Níl trácht ar Chill Chais ná a teaghlach
Is ní chluinfear a cling go brách.
An áit úd ina gcónaíodh an dea-bhean,
'Fuair gradam is meidhir thar mhná,
Bhíodh iarlaí ag tarraingt thar toinn ann,
Is an tAifreann binn á rá.

Ní chluinim fuaim lachan ná gé ann,
Ná fiolar ag éamh cois cuain,
Ná fiú na mbeacha chun saothair
A thabharfadh mil agus céir don slua.
Níl ceol binn milis na n-éan ann
Le hamharc an lae ag dul uainn
Ná an chuaichín i mbarra na gcraobh ann,
O's í a chuirfeadh an saol chun suain.

Aicim ar Mhuire is ar Íosa
Go dtaga sí arís chugainn slán
Go mbeidh rincí fada ag dul timpeall,
Ceol fidilí is tinte cnámh;
Go dtógtar an baile seo ár sinsear,
Cill Chais breá arís go hard,
Is go brách nó go dtiocfaidh an díle
Nach bhfeicfear é arís ar lár.

CILL MHUIRE

Is buachaillín mise do shiúlaigh a lán,
Ag cur tuairisce na háite is fearr ionad,
I múineadh, in iompar, i gclúcheart is i gcáil,
I mbéasa, i dtréithe is i miotal.
Ní heol dom aon chúige nó dúnbhaile breá,
Dá bhfaca i mo shiúlta ba shúgaí le rá,
Níor luigh ariamh mo shúil ar aon dúiche chomh breá,
Leis an áit úd a nglaotar Cill Mhuire air.

Ansiúd a bhíonn tionlac, mion-cholúr is faoileán,
An chéirseach, fraoch-chearca is druide,
Ar ghéaga ina slaoda ag géilleadh faoi bhláth,
Is gur mhéin liom le háireamh a bhfoirne;
Bíonn fuaim ag an gconairt á ligean chun fiaigh,
Ag traochadh an tsionnaigh is marcaigh ina ndiaidh,
Bíonn adharca á séideadh is na céadta 'Huzza'
Ar chnocáinín aerach Chill Mhuire.

AN CHRÚBACH

Beir scéala uaim siar chun na Rosann, 's ar an Dálach arbh ainm dó Aodh,
Gur éalaigh an Chrúbach as Toraigh is go deachaigh sí anonn ar an ghaoth.
Ní raibh ann acht na cnámha is an chraiceann is is láidir a d'imigh sí chun
scaoil,
Gan coite gan bád ina haice a bheirfeadh go seascair í i dtír.

39

Chuartaíos na cuantaí gan fheasbhaidh is a tuairisc ní bhfuaireas go fóill,
Ach amháin dó go gcuala mé samhailt go deachaigh sí anonn ar Ghaoth
    Dobhair.
Deir daoine má chuaigh sí go Croithlí nach dual díthe pilleadh níos mó,
Nó tá Cormac Rua ag déanamh curaigh agus thuas atá craiceann na bó.

Ar Chormac ná maítear an craiceann, ba daor daoibh an duine do lua,
Nó chuirfinnse an dís i gcúirt Easpaig mura saorthaí go tapaidh an fear rua.
Ar lorg na laochra a bhí i dTeamhair a bhí a ghníomharthaí is a aigne go
    buan,
An ghiorria a chloí lena chonairt is chan ag smaointiú ar churach a chur
    suas.

Nuair a tháinig an chrúbach chun na cladaigh rinne sise scairteach ar Aodh,
D'éiríos go lúfar i mo sheasamh is bhí fionnadh in áit saill ar a taobh;
Is a Dhónaill, nach cuimhin leat le n-aithris mar tugadh an Ghlas
    Ghaimhlionna mór,
Go Toraigh ar lorg a rubaill is tháinig sí ar ais go tír mór?

CÚIRT BHAILE NUA

Lá   breá   dár   éi -   ríos   ar   mai - din

Ag   triall dom ar   Chúirt Bhai - le   Nua,   Cé

d'fheic - finn   ag dul   thar - am ach mo Nei - lí   Is ba

ró -   dheas   a   lea - gan is a   snua.

Lá breá dar éiríos ar maidin ag triall dom ar Chúirt Bhaile Nua
Cé d'fheicfinn ag dul tharam ach mo Neilí, is a ba ró-dheas a leagan is
    a snua.
Bhí a grua bán níos gile ná'n eala, ná sneachta mín éadtrom an lae,
Ach a stóirín nach trua leat mo chás-sa, mar is lag lúbach a d'fhága
    tú mé.
Ó tá mé tinn tréith-lag le fada; deir mo mhuintir gur athraigh mo shnua
Ag dearcadh go géar ar an gcailín atá 'na cónaí le hais Bhaile Nua,
Agus deirtear gur fear fánach m'athair, is réic a bhí ann, ó, go dlúth;
Ach beidh ór buí 'mo phóca le scaipeadh is mé ag éalú amach le mo rún.

Tá teachín deas gleoite sa ngleann a'm agus bím ann go huaigneach
    liom féin,
Is dhá dtiocfadh mo Neilí ar cuairt a'm thiúrfainn póigín deas milis
    dhá béal
Nach iomaí cailín deas a chraithfeadh láimh liom is a thiocfadh sa teach
    a'm le mí,
Ach dá bhfaighinnse leo ór buí agus *diamonds*, 's í Neilí atá i gceartlár
    mo chroí.

Is fada iad mo chosa gan bróga 'gus is fada iad mo phócaí gan pingin
'Gus is fada mé ag siúl le mná óga, ach ní fhéadaimse labhairt le mo
    mhian.
Dá mbeinnse seacht mbliana i dtalamh nó i bhfiabhras 'mo leaba i mo
    luí
Is a stóirín dhá dtiocfása ar cuairt a'm, táim cinnte go n-éireoinn i mo
    chroí.

Ach brón ar an té nach mbíonn críonna is nach ndéanann gach ní mar
    is cóir,
Mar is mise mé féin a bhí ciontach nuair nach ndeacha mé in am fána
    cóir.
Ach thiúrfainnse cáil agus cliú dí, gan a gair agam labhairt léi níos mó,
Agus shiúlfainn seacht ríochta na hÉireann leis an bpéarla atá i gCúirt
    Bhaile Nua.

IS FADA LIOM UAIM Í

Is fada liom uaim í ar uaigneas gach baile a mbíonn sí,
Is le gach óganach suairc a ghluaisfeadh in aice na dí.
Dá dtigfeása anuas ar chuairt fá bharra na gcraobh
Le gairm na gcuach go ngluaisfinn leatsa mar mhnaoi.

A Mhalaidh, a chéad searc, ná tréig thusa mise go brách
Go bhfuil mé i do dhiaidh gach aon lá fá mhullaigh na n-ard;
Is tú cruithneacht ar mhná Éireann, is tú b'fhéile dar ghlac ariamh lámh
Is dar mionna mo bhéil, ní bréag a bhfuil mé is tú á rá.

Is a Mhalaidh mo ró-ghrá tá an t-órfholt snoite glan réidh,
Cum caiice tá ró-dheas a chuirfeadh bród ar fhearaibh an tsaoil,
Béilín meala mar na rósaí, súil mhódhmhar ghorm gan claon,
Is i gcoillí ag baint chnónna, 's é mo bhrón gan Malaidh agus mé.

IS TRUA GAN PEATA AN MHAOIR AGAM

Is trua gan peata an mhaoir agam,
Is trua gan peata an mhaoir agam,
Is trua gan peata an mhaoir agam,
Is na caoirigh beaga bána.
Is Ó, gairim, gairim thú,
Is grá mo chroí gan cheilg thú,
Is Ó, gairim, gairim thú,
Is tú peata beag do mháthar.

Is trua gan maoilín bhán agam,
Is trua gan maoilín bhán agam,
Is trua gan maoilín bhán agam,
Is fáilte ó mo ghrá geal.
Is Ó *srl.*

Is trua gan bólacht bainne agam,
Is trua gan bólacht bainne agam,
Is trua gan bólacht bainne agam,
Is Caitlín óna máthair.
Is Ó *srl.*

43

AN LONDUBH IS AN CHÉIRSEACH

Tá an londubh is an chéir - seach is an fhuis - eoi - gín le chéi - le, Is an smói - lín binn bréa - gach ina ndiaidh i ngach aird. An chuach i measc an méid sin ag sein - m dán - ta is dréach - ta, Do chúl trom tais 'na bpéar - laí is do mo chéad mí - le grá.

Tá an londubh is an chéirseach, is an fhuiseoigín le chéile,
Is an smóilín binn bréagach ina ndiaidh i ngach aird,
An chuach i measc an méid sin ag seinm dánta is dréachta
Do chúl trom tais na bpéarlaí is do mo chéad míle grá.

Dá mbeinnse i mo smóilín do leanfainn tríd an mhóin í,
Mar is ise bláth na hóige a thógfadh suas mo chroí;
Ó bheinnse ag seinm ceoil dí ó mhaidin go tráthnóna,
Le ceiliúr binn á cealgadh is le móráil dá gnaoi.

Is trua gan mé is mo shiúirín is barr mo láimhe dlúth léi,
Go seinnfinn di go súgach ar cheolchruit go sámh;
A lao, nárbh aoibhinn domsa dá bhfaighinnse cead bheith ag siúl léi,
Is a rún mo chroí, bí ag súil liom le héirí don lá.

MÁIRE MHÓR

Tá bean a'msa in Áran Mhór agus bean eile in Inis Bearachain,
Mo ghrása Máire Mhór, 's í an bhean a b'fhearr a thaitin liom.

Curfá:
Is óró, Mháire Mhór, is, a Mháire Mhór, an dtiocfaidh tú?
Mura dtiocfaidh tú mar gheall tú go mbáitear insan tuile thú!

Ní le faochain ná le bairnigh, ná le bláth na scailliún dearga
A mheall mise Máire Mhór, ach le fuisce láidir Shasana.
Curfá:

Dá bhfeicfeá Máire Mhór is í ag dul sráideanna na Gaillimhe
Gan folach ar a bráid ach cóta mór an charraera.
Curfá:

Dá mbeinnse in Áran Mhór is mo bhád seoil bheith faoi rúf agam
Nach deas a thornálfainn ród ach Máire Mhór a bheith faoi deic agam.
Curfá:

45

MO CHAILÍN RUA

Dá mbeinn - se i mblia - na mar bhí mé a - nu - raidh,

Teach beag bheith a - gam cois an chuain,

Chuir - finn mo bhád a - mach ar an tSionn - ainm a - gus

Bhéar - fainn a - bhai - le mo chai - lín rua.

Dá mbeinnse i mbliana mar a bhí mé anuraidh,
Teach beag bheith agam cois an chuain,
Chuirfinn mo bhád amach ar an tSionainn
Agus bhéarfainn abhaile mo chailín rua.

Thug mé liom í ó bhaile go baile
Fríd Bhaile Átha Cliath chun na geaftaí crua
Chan fhuil aon mhíle ó d'fhág mé an baile
Nach dtug mé deoch leanna do mo chailín rua.

Bhí ceann gruaige léi síos go dtí an talamh
Agus barr ar a bhfinne go dtug sí bua;
Ba mhéanar don fhear óg a gheobhadh le mealladh
Rogha na gcailíní mo chailín rua.

Shiúil mé leí ó bhaile go baile
Ach ba doiligh a mealladh cionn is go raibh sí rua
Agus thug sí uaim mo 'jug' mhaith leanna
Cúradh a craicinn ar an stánaí rua.

Chan fhuil aon teach ósta a casadh romhainn sa bhealach
Nach dtug me deoch leanna do mo chailín rua
Ach d'imigh sí leí le buachaill siopa,
Slán go bhfillfidh tú, a chailín rua.

Ó, dá mbéinnse chomh saibhir is a bhí mé anuraidh
Thógfainn teach mór ar an chnoc údaí thuas
Fíon agus ór, is iad a bhéarfainn do mo stór,
Is bheinn ag dul hallaí bána le mo chailín rua.

NA GAMHNA GEALA

'S iad mo chuid gamhna, na gamhna geala,
D'ith siad an féar ach chan ólann siad aon bhainne,
Snámhann siad anonn is anall ar an Bhanna,
Ach char bhfearr leo an lomtrá acu ná an lán mara.

Dá mbeadh siad agam, meadar is buarach,
Cuinneoga maithe fairsing a cheapfadh an t-uachtar,
Bheinn ag dul eatartha, eadar na bó-tuaraí,
Ag seoladh na ngamhna go h-ailteán na luachra.

Is beag mo dhúil i gcupaí nó i gcartaí,
Fuinneoga gloine agus rúmaí bána;
Ba mhíle b'fhearr liom bheith i gcró beag sa tsamhradh
Poll bheith ar a scraith is mé ag coiméad ar na gamhna.

Híoma bíoma bó, 's é mo ghrása na gamhna,
Mailleliú, mailleleol, 's iad mo bhrónsa na gamhna,
Mailleliú, mailleleol, 's iad mo chrása na gamhna
Maidin chiúin sa tsamhradh is gan na gamhna agam á seoladh.

AN GHIOBÓG

Bliain mhór sa taca seo ba deas mo chulaith éadaigh,
Ba lúfar éadrom aigeanta a dhéanfainn bean a bhréagadh,
Ach shantaigh mise an ghiobóg mar bhí cupla bó mar spré aici,
Is d'fhág sí ar an anás mé is mo chraiceann gheal gan léine.

Má bhí culaith mhaith an uair sin ort, b'fhéidir nár leat féin í;
Ní raibh tú pósta seachtain go raibh fear na comharsa 'hiarraidh;
Dhíol tú mo chuid eallaigh. le sin agus tuilleadh réiteach,
Is d'fhag tú ar an anás mé is gan snáithe orm san oíche.

A bhuachaillí, a bhuachaillí, an méid agaibh atá gan pósadh,
Ná santaigí na giobógaí de réir mar a bíonn siad cóirithe,
Nó b'fhearr duit cailín glan agat a scuabfadh amach i gcónaí,
Ná luathra buí na seachtaine á cur amach Dé Domhnaigh.

INÍON AN BHAOILLIGH

Bhí mé oíche taobh istigh 'Fhéil' Bríde
Ar faire thíos ar an Mhullach Mhór,
Is tharla naí dom a dtug mé gnaoi dí
Mar bhí sí caíúil lách álainn óg.
Is í go cinnte a mhearaigh mo intinn,
Agus lia na bhFiann, ó, ní leigheasfadh mé,
Agus tá mo chroí istigh ina mhíle píosaí
Mura bhfaighim cead síneadh lena brollach glégheal.

49

Is fada an lá breá ó thug mé grá duit,
Is me i mo pháiste bheag óg gan chéill,
Is dá mbíodh mo mhuintir uilig i bhfeirg liom
Nár chuma liom, a mhíle stór?
A mhíle grá, tá cách ag rá liom
Gur den ghrá ort a gheobhaidh mé bás,
Is níl an lá margaidh a mbeadh ins na Gearailtigh
Nach mbeadh cúl fathmhainneach is mise ag ól.

A chailín donn deas a chuaigh i gcontúirt,
Druid anall liom is tabhair dom póg
Is gur leatsa an shiúlfainn cnoic is gleanntáin,
Is go Baile an Teampaill dá mbíodh sé romhainn;
Ach anois ó tá mise curtha cráite,
Is gur lig mé páirt mhór de mo rún le gaoth,
A Rí atá i bParrthas, déan dom fáras,
I ngleanntáin áilne lena taobh.

INÍON AN FHAOIT' ÓN nGLEANN

Siúl, a chuid, bí ag gluais - eacht gan scíth, gan stad, gan
fua - rú; Tá 'n oí - che ghai - rid shamh - raidh ann is
beam ar - aon ar siúl; Mar a bhfaigh - imid radharc ar
chuan - ta, ceol, aoibh - neas bail - te mó - ra, Is, a
Dhia nach ró - bhreá an uain í d'I - níon an Fhaoit' ón nGleann.

Siúil, a chuid, bí ag gluaiseacht gan scíth, gan stad, gan fuarú,
Tá an oíche ghairid shamhraidh ann is beam araon ar shiúl,
Mar a bhfaighimid radharc ar chuanta, ceol, aoibhneas,bailte móra,
Is a Dhia, nach ró-bhreá an uain í d'iníon an Fhaoit' ón nGleann.

Táimse lán de náire, trí gach beart dá ndearna,
Mar is buachaill óg a chráigh mé is d'imigh uaim mo ghreann.
Ní beo mé mí ná ráithe mura bhfaighe mé póg is grá uait,
Agus fáilte chaoin ó do chairde, a iníon an Fhaoit' ón nGleann.

Bhí mé lá breá aerach i mo shuí ar bhinn an tsléibhe amuigh
Sea chuala an lon is an chéirseach ag seinm os mo cheann;
Is deas a scríobhfainn véarsaí is ní deise ná mar léifinn
Stair do do mholadh féinig, a iníon an Fhaoit' ón nGleann.

DÓNAL Ó MAOLÁINE

Eadar Caiseal agus Úrchoill a casadh dom an cúilín,
'S í ag teacht go ciúin céillí fá mo choinne sa ród;
Rug mé greim cúl uirthi agus leag mé ar an drúcht í
Agus d'fhág mé a croí dúnta aici's í ag sileadh na ndeor.

Bliain ón lá sin casadh orm an stáidbhean,
Agus í go ró-státúil ag dul romham sa ród;
Rug sí greim láimhe orm is chuir sí romham fáilte —
'Cad é mar atá do shláinte, a ógánaigh óig?'

51

'Seo litir ó mo athair agus beannacht ó mo mháthair
Is gan mo mhalairt a dhéanamh a choíche go deo;
Gheobhaidh tú na táinte uainn agus ór buí ina mhámaí,
Is mise a bheith mar ríon agat a fhad is beidh mé beo.'

'Dar an leabhar, maise, a pháiste, is deas a bhfuil tú á rá liom,
Do mhalairt ní dhéanfainn ar an chúig mhíle bó,
Ach go bé go bhfuil mé daleta le bliain is trí ráithe
Leis an Iníon sin Uí Dhálaigh atá i gContae Mhaigh Eo.

Imigh agus déan sin, dheamhan a miste liom féin é,
Ní folamh atá Éire, tá fear eile le fáil;
Is fiosach dom céile nach n-iarrfadh aon phingin spré liom,
Ach a ghlacfadh mé i mo léine cé folamh atáim.

A Rí mhór na páirte, cad é dhéanfas mé amárach,
Nó cá bhfaighidh mise athair do mo leanbán óg?
Mise Dónal Ó Maoláine is ní chéilfinn ar fhearaibh Fáil é,
Is gheobhaidh tú ar an tSliabh Bán mé i gContae Mhaigh Eo.

EIBHLÍN A RÚN

Sheolfainn féin gamhna leat, Eibhlín a rún,
Sheolfainn féin gamhna leat, Eibhlín a rún,
Sheolfainn féin gamhna leat, síos go Tír Amhlaí leat,
Mar shúil go mbeinn i gcleamhnas leat, Eibhlín a rún.

An dtiocfaidh tú nó an bhfanfaidh tú, Eibhlín a rún?
An dtiocfaidh tú nó an bhfainfaidh tú, Eibhlín a rún?
Tiocfaidh mé is ní fhanfaidh mé, tiocfaidh mé is ní fhanfaidh mé,
Tiocfaidh mé is ní fhanfaidh mé is éalóidh mé le mo stór.

52

ÉIRIGH IS CUIR ORT DO CHUID ÉADAIGH

Éirigh's cuir ort do chuid éa - daigh Go
mbearr - aidh mé féin do chúl Go
dtéidh muid soir Easpag na hÉir - ne go
gcean - gal - tar mé agus tú. Tá
grá 'gus cion a - gam féin ort, a chuid den tsaol, éa - laigh
liom Is nach daoi - ne do - na gan
chéill, o - ró, scar - fadh ó chéi - le sinn.

Éirigh is cuir ort do chuid éadaigh, go mbearraidh mé fein do chúl,
Go dtéidh muid 'soir Easpag na hÉirne go gceangaltar mé agus tú.
Tá grá agus cion agam féin ort, a chuid den tsaol, éalaigh liom,
Is nach daoine dona gan chéill, óró, a scarfadh ó chéile sinn.

Aisling a chonaic mé aréir ar leaba agus mé i mo luí,
Go dtáinig sí chugam mar fhéirín, ainnir na gciabhfholt buí;
Bhí a órfholt snoite go féar leí, is níl tuile da mhéid nach gclaíodh,
Ó is, a Rí, ér mhiste do chléir é, dá gcodlóinn aréir le mnaoi?

Is trua gan mise is an niamh bheag na leice mílte ó chuan,
In oileán an Chlochair Bhig Chraobhaig mar a thiteas na néalta chun suain,
An áit a mbíonn an nead ag an éanlaith, an fiolar, an ghéag is an chuach,
Chuirfinnse geasa ar an éan bheag solas an lae a thabhairt uainn.

ÉIRIGH SUAS A STÓIRÍN

Éi - righ suas, a stóir - ín mur - a bhfuil tú 'do
shuí, Fos - cail an do - ras agus leig mise chun
tí, Tá buid - éal im' ai - ce 'bhear - fas
deoch do mhnaoi an tí, Is tá súil agam nach
ndiúl - taíonn tú mé fá do iníon.

Éirigh suas, a stóirín, mura bhfuil tú i do shui.
Foscail an doras agus lig mise chun tí,
Tá buidéal i m'aice a bhéarfas deoch do mhnaoi an tí,
Is tá súil agam nach ndiúltaíonn tú mé fá do iníon.

Nuair a éirím amach ar maidin agus dearcaim uaim siar,
Agus dearcaim ar an bhaile úd a bhfuil agam le dul ann,
Titeann na deora ina sroite liom síos,
Agus gnímse míle osna bíos cosúil le cumha.

I ngleanntáin na coille beo-thoraigh is lag brónach a bhím,
Ó Dhomhnach go Domhnach is mé ag caitheamh mo shaoil,
Mé ag feitheamh gach tráthnóna cé rachadh an ród nó thiocfadh chun tí,
Is gan aon ní ar an domhain mhór a thógfadh mo chroí.

Nach aoibhinn don éanlaith a éiríos gach lá,
Is a luíos arís ar an aon chraobh amháin,
Ní hé sin dom féin is do mo chéad míle grá,
Is i bhfad i bhfad ó chéile bíos ár n-éirí gach lá.

FILL, FILL A RÚN

Fill, fill a rún ó,
Fill, a run ó, is ná himigh uaim.
Fill orm, a chuisle is a stór,
Agus chífidh tú an ghlóir má fhilleann tú.

Shiúil mise thall is abhus;
I Móta Ghráinne Óige a rugadh mé,
Is ní fhaca mé iontas go fóill
Mar an Sagart Ó Dónaill ina mhinistir.

Fill, fill, a rún ó,
Fill, a rún ó, is ná himigh uaimh;
Má fhilleann tú inniu nó go deo,
Fill insan Ord in ar oileadh tú.

Dhiúltaigh tú Peadar is Pól,
Mar gheall ar an ór is ar an airgead,
Dhiúltaigh tú Banríon na Glóire,
Agus d'iompaigh tú i gcóta an mhinistir.

MO GHILE MEAR

Bímse buan ar buairt gach ló,
Ag caoi go crua is ag tuar na ndeor,
Mar scaoileadh uaim an buachaill beo,
Is ná ríomhthar tuairisc uaidh mo bhrón.

Curfá:
Is é mo laoch, mo ghile mear,
Is é mo Shaesar, gile mear,
Ní fhuaras féin aon tsuan ar séan
Ó chuaigh i gcéin mo ghile mear,
Ní fhuaras féin aon tsuan ar séan,
Ó chuaigh i gcéin mo ghile mear.

Ní haoibhinn cuach ba suairc ar neoin,
Táid fíorchoin uaisle ar uatha spóirt,
Táid saoithe is suadha i mbuairt is i mbrón,
Ó scaoileadh uaim an buachaill beo.
Curfá:

Is cosúil é le hAonghus Óg,
Le Lughaidh Mac Céin na mbéimeann mór,
Le Cú Raoi, ardmhac Dáire an óir,
Taoiseach Éireann tréan ar tóir.
Curfá:

Le Conall Cearnach bhearnadh poirt,
Le Fearghas fiúntach fionn Mac Róigh
Le Conchubhar cáidhmhac Náis na nós,
Taoiseach aoibhinn Chraoibhe an cheoil.
Curfá:

NEANSAÍ, 'MHÍLE GRÁ

A Nean - saí, 'mhí - le grá a bhruin - eall atá gan smál, Go bhfei - ce mí an t - ádh agus an séan ort Ba ghi - le do dhá láimh ná cúr geal na trá, Nó an ea - la is í ag snámh ar an Éir - ne Is glai - se liom do shúil ná braon beag den drúcht, Is bin - ne liom - sa tú ná na téa - daí Is mura n - éa - laí tu - sa liom - sa tit - fidh mé i lionn - dubh, Agus cuir - fear ins an chill i do dhiaidh mé.

58

A Neansaí, 'mhíle grá, a bhruineall atá gan smál,
Go bhfeice mí an t-ádh agus an séan ort;
Ba ghile do dhá láimh ná cúr geal na trá,
Nó an eala is í ag snámh ar an Éirne.
Is glaise liom do shúil ná braon beag den drúcht,
Is binne liomsa tú ná na téadaí
Is mura n-éalaí tusa liomsa titfidh mé i lionndubh,
Agus cuirfear insan chill i do dhiaidh mé.

Is iomaí sin guth mná a chluinim i ngach aird
Abhus agus thall den Éirne,
Go Corcaigh na gcuanta is go Béal Átha na Slua
Is í Neansaí a thug bua ar an méid sin.
A Mhuire agus a Dhia, nárbh aoibhinn deas é ár saol
Dá mbeinnse agus í le chéile?
Tráthnóna aoibhinn ciúin, ó, mise is mo rún
Ag cogarnaíl ar uaigneas sléibhe.

Beir litir uaimse suas chuig Neansaí chaoin na gcuach
Is aithris dí gur buartha atá mé;
Aithris dí arís nach gcodlaím féin aon oíche
Le harraing atá trí mo thaobh deas.
Aithris dá súil, aithris dá cúl,
Aithris dá méin mhaith chéillí;
Aithris dá ceann is dá béilín atá binn
Gur ghiorraigh sí go cinnte mo laethe.

Dé Domhnaigh má tchímse stór geal mo chroí
Tiocfaidh an t-amharc chugham arís is an éisteacht;
An tuirse atá ar mo chroí, go n-imeoidh sí díom,
Is ní aithneofar an aois ar m'éadan.
A Mhuire is a Rí, nach atuirseach a bhím,
Is go scaipfinn, dá mba fíon uilig, an Éirne.
An bhfuil duine ar bith sa tír a bhainfeadh díom mo mhian?
Níorbh fhada mé sa saol seo ina héagmais.

NEILÍ BHÁN

A Neilí bhán, a théagar, a Neilí bhán, a stór,
Dá dtiocfá thusa liomsa go coillidh dheas na gcnó.
Bhéarfainn aer an bhaile mhóir duit a thógfadh suas do chroí,
Is marcaíocht i gcóistí ag dul bóithre Bhaile Bhuí.

Is trua gan mise i Muineachán is mé i mo cheannaí snáth,
Mo Neilí bhán in aice liom, charbh fhada liom an lá;
Dá ndíolfadh sí an reicneáil, bhuailfinn féin an clár,
Go mbuailfinn luach na mbuatas ar mo chúilean chasta bhán.

Is fada mé ar an bhaile seo le bliain is trí lá,
Is macasamhail mo Neilí cha raibh agam le fáil;
Nuair a scairtinn ar an bhiotáilte dhíoladh Neilí an cháin
Agus shnámhfainn Loch Éirne le mo mhaighre mhaiseach bhán.

Tráthnóna Dé Domhnaigh is orm a rinneadh an chreach,
Mo chailín óg a pósadh sula dtáinig liom a teacht;
Dochtúiri na hÉireann, chá leigheasfadh siad mo chás,
Ba thú ba dheise is thréig tú mé, a phéarla an chúil bháin.

60

NÓRA BHEAG

'A Nóra bheag, cá raibh tú aréir?' 's é dúirt mo mhamaí liomsa,
'I gcúl an tí ag tobar an uisce ag foghlaim coiscéim damhsa'.
'Gus íomba Nóra, Nóra, Nóra, is íomba is tú mo ghrá geal,
'Gus íomba Nóra, is tú mo stóirín, tá mise dúnta i ngrá leat.

B'aite le Nóra pis agus pónairí, b'aite le Nóra branda,
B'aite le Nóra prátaí rósta is d'íosfadh Nóra an t-im leo.
'Gus íomba *srl.*

Dá mbeadh agam ciste - níl ach toistiún -
Chuirfinn ort gúna álainn,
Bhéarfainn fuisce, tae agus brioscaí
Is bheinn ag gabháil ceoil go lá leat.
'Gus íomba *srl.*

'Is, a Nóra bheag, cá raibh tú aréir?'
'Ó, bhí mé i gcúl an gharraí.'
'Is cé bhí agat féin ansin?'
'An píobaire beag is a mhálaí.'
'Gus íomba *srl.*

NÓRA NÍ CHONCHUBHAIR BHÁIN

Is fada ó fuair mé fáil ar chailín óg sa ngleann,
Agus geallúint ar í a fhail le haghaidh pósadh,
Ach mo chreach agus mo chrá ní dom a bhí sí i ndán
Ach don té údaí nár trachtaíodh fós air.

Nach é do chumann a bhí gearr a chlis orm ins gach áit,
Nó go síntear mé agus tú i gcláraí cónra,
Ach a Nóirín Ní Chonchubhair Bháin, is í do phóg ba mhian liom a fháil,
Nó an bhfuil tú le bheith i ndán go deo dom?

Agus thug mé searc is gnaoi do chailín óg sa tír
Mar is ormsa bhí díth mór na céille,
Is go bhfuil a fhios ag an saol is ag an mbaile siúd ina mbím
Go leanfainn stór mo chroí dá bhféadfainn.

Ó 'BHEAN AN TÍ

Ó éirigí suas a thogha na bhfear is cuirigí píc ar bharr gach cléith,
Leagaigí síos iad lucht an droch-chroí agus cuirigí dlí na Fraince ar bun,
Agus Ó 'bhean an tí, cén bhuairt sin ort?
Ó 'bhean an tí, fá dhó nó trí, beidh an talamh gan chios ón bhliain seo amach,
Agus Ó 'bhean an tí, nach suairc é sin?

Tá *jug* ar an bhord is tá beoir ag teacht, tá arm go leor ag an *Duke of York*,
Tá an Francach is an Spáinneach ar bhruach na trá, agus b'fhearr liom go mór
    é ná cómhra ban,
Agus Ó *srl.*

Mo chreach is mo chrá nuair a bhí mé beag, in aois mo dhá bhliain sular
  smaoinigh mé ar olc,
Nach ndeachaigh mé ar bord nó in arm an Rí sular chaith mé mo shaol ag
  dul timpeall ort,
Agus Ó *srl.*

Go mbristear mo dhroim faoin ualach seo má thigim arís ag cur buartha ort,
Is a liacht bean óg as seo go hAbhainn Mhór a shiúlfadh an ród is a
  d'ólfadh deoch,
Agus Ó *srl.*

AN t-OILEÁN ÚR

Rinne mé smaointiú i m'intinn agus lean mé dó go cinnte,
Go n-éaloinn ó mo mhuintir anonn chun 'Oileain Úir.
Ó bhí mé ag déanamh impí ar an ArdRí os mo cheannsa,
Mo choinneáil ó gach tubaiste go gcríochnóinn mo shiúl.

Shiúil mé fiche míle is níor casadh orm Críostaí,
Capall, bó nó caora ag déanamh inghilt ar an fhéar,
Ach coillte dlútha is gleanntáin agus búirtheach beithigh allta,
Fir is mná gan tant orthu a chasfá fá do mhéar.

Ach tharla isteach i dteach mé nuair a casadh orm daoine;
D'fhiafraigh siad mo ainmse is cén tír inar tógadh mé.
Dúirt mé leo i mBearla gur tógadh mé in Éirinn,
Láimh le Loch Éirne i gCoillidh Lios na Raoch.

Bhí seanbhean insan chlúdaigh agus stocaí ar a glúiní;
D'éirigh sí go lúchaireach agus chraith sí liomsa láimh;
'Sheacht mh'anam, fear mo thíre, thar a bhfaca mé ariamh de dhaoine;
Tógadh mise in Éirinn i mBaile Lios Béal Átha.'

64

Rinne mé an dara smaointiú agus lean mé dó go cinnte,
Go bpillfinn ar ais go hÉirinn, an áit a sínfí mé faoin chlár;
Mar a bhfaighfinn lucht mo chaointe is an t-aos óg atá lách aoibhinn,
A chaithfeadh liomsa an oíche agus páirt mhór den lá.

ÓLAIM PUINS

Ól - aim puins is ól - aim tae Is an lá ina dhiadh sin

ó - laim toddy. Ní bhím ar meisce ach uair sa ré, Mo

ghrá - sa an deirc Is an té do cheap í. Lá má bhím le

hío - ta treith, Bím lá ina dhiadh ag glaoch na gcannaí

Lá le fíon is a - rís gan bhraon, Mo ghrá - sa andeirc Is an té do cheap í.

Ólaim puins is ólaim tae is an lá ina dhiaidh sin ólaim toddy;
Ní bhím ar meisce ach uair sa ré, mo ghrása an déirc is an té do cheap í.

Lá má bhím le híota tréith, bím lá 'na dhiaidh ag glaoch na gcannaí;
Lá le fíon is arís gan bhraon, mo ghrása an déirc is an té do cheap í.
Ólaim puins *srl.*

Ar mo theacht a luí ar thréad, an bhuí san fhéith is na héimhe ag leanaí,
Báisteach fhill is rinn ar ghaoth, Ó, táim le déirc ní baol do mo gharraí.
Ólaim puins *srl.*

65

Is sámh a bhím i mo luí le gréin, gan suim sa saol ach scléip is starraíocht,
Gan cháin gan chíos ach m'intinn saor; nach fearr í an déirc ná céird is
    ealaín!

Ólaim puins *srl.*

AN PABHSAE GLÉIGEAL

Ar mo dhul chuig an Aifreann le toil na ngrásta
Bhí an lá ag cur báistí is d'ardaigh gaoth,
Casadh an ainnir liom taobh Chill Tartain
Is thit mé láithreach i ngrá le mnaoi.
Labhair mé léi go múinte, mánla
Is de réir a cáilíochta d'fhreagair sí,
'S é dúirt sí 'Raiftrí, tá m'intinn sásta,
Agus gluais go lá liom go Baile Uí Liagh.'

Nuair a fuair mé an tairiscint níor lig mé ar cairde í,
Rinne mé gáire agus gheit mo chroí;
Ní raibh le dul againn ach trasna páirce,
Is níor thug muid an lá linn ach go tóin an tí.
Leagadh chughainn bord a raibh gloine is cárt air
Is cúileann fháinneach le m'ais ina suí,
'S é duirt sí 'Raiftrí, bí ag ól is céad fáilte,
Tá an siléar láidir i mBaile Uí Liagh.'

Shiúil mé Sasana is an Fhrainc le chéile,
An Spáinn, an Ghréig is ar ais arís,
Ó bhruach Loch Gréine go Béal na Céibhne,
Is ní fhaca mé féirín ar bith mar í.
Dá mbeinnse pósta le bláth na hóige,
Trí Loch an Tóraic a leanfainn í,
Cuanta is cóstaí go siúlfainn, is bóithre,
I ndiaidh na seoidmhná atá i mBaile Uí Liagh.

'S í Maire Ní Eidhin an stáidbhean bhéasach
Ba dheise méin agus b'áille gnaoi,
Dhá chéad cléireach is a gcur le chéile
Agus trian a tréithe ní fhéadfadh scríobh.
Bhuail sí Deirdre le breáthacht is Vénus,
Is dá n-abrainn Helen l'er scriosadh an Traí,
'S í scoth mhná Éireann as ucht an méid sin,
An pabhsae gléigeal atá i mBaile Uí Liagh.

AN PÁISTÍN FIONN

Grá mo chroí mo pháis - tín fionn, a
croí is a haig - ne ag gái - re liom, A
cíoch - a gea - la mar bhláth na n-úll, Is a
píob mar ea - la lá Márt - ta. Curfá: Is
Tu - sa mo rún, mo rún, mo rún, is
Tu - sa mo rún is mo ghrá geal; Is
Tu - sa mo rún is mo chu - mann go buan, Is é mo
chreach gan tú a - gam ó do mhái - thrín.

Grá mo chroí mo pháistín fionn,
A croí is a haigne ag gáire liom,
A cíocha geala mar bhláth na n-úll,
Is a píob mar eala lá Márta.

Curfá:
Is tusa mo rún, mo rún, mo rún,
Is tusa mo rún is mo ghrá geal,
Is tusa mo rún is mo chumann go buan,
'S é mo chreach gan tú agam ó do mháithrín.

68

Cara mo chroí mo pháistín fionn,
A dhá grua ar lasadh mar bhláth na gcrann,
Tá mise saor ar mo pháistín fionn,
Ach amháin nuair a ólaim a sláinte.
Curfá:

Dá mbeinnse sa bhaile mar a mbíonn sugradh is greann,
Nó idir dhá bhairille lán de leann,
Mo shiúirín i m'aice is mo lámh faoina ceann,
Is súgach a d'ólfainn a sláinte.
Curfá:

Bhí mé naoi n-óiche i mo luí go bocht,
Ó bheith sínte faoin díle is mé idir dhá thor,
A chumann mo chroí is mé ag smaoineamh ort,
Is ní bhfaighinnse le fead nó le glao thú.
Curfá:

Ó, tréigfead mo mhuintir is mo chairde gaoil,
Agus tréigfead a maireann de mhná an tsaoil,
Ní thréigfead le mo mharthain thú, a ghrá mo chroí,
Nó go sínfear i gcónra faoi chlár mé.
Curfá:

PÁTRÚN CHILL SHLÉIBHE

Chuaigh mé féin ar mo chois go Cill Shléi - bhe, Nuair a chua - la mé an éa - góir a rinn - eadh ann; Chuir mé ceist ar an mhaigh - dean ar lé - i an team - pall, Cad é an léan a bhain dí a ceann.

69

Chuaigh mé féin ar mo chois go Cill Shléibhe,
Nuair a chuala mé an éagóir a rinneadh ann;
Chuir mé ceist ar an mhaighdean ar léi an teampall
Cad é an lean a bhain dí a ceann.

'S é labhair an mhaighdean anois le céill liom,
'Le ceithre céad déag tá mé anseo ar bun,
Ach in áit eaglaise Gaelaí bheith faoi mo dhéinse,
Tá nead ag éanlaith anois os ár gcionn.'

Guímse an t-ArdRí atá ina chónaí i bParrthas,
Scrios ar shliocht Mháirtín a d'fhág inne fann,
Is ar fhear an tí bháin atá ina chónaí láimh linn;
'S é a chuir ar bPátrún bun os cionn.

Ach is cosúil gur éag siadsan, scoith na nGael
A bhí i gCill Shléibhe seal fada ar bun,
Mar is iad an dá Réamonn is an tréibh ina ndiaidh
Nach ligfeadh an réim le Clann Bhullaigh ann.

Ach déanaigí foighid mhaith, a Chlann na nGael,
Go dtiocfaidh an Cléibheán atá thall anall;
Déanfaidh sé réiteach ar fud Chill Shléibhe,
Is cha bhíonn an réim le Clann Bhullaigh ann.

Má tá, tiocfaidh an lá a mbeidh sagairt is bráithre
Agus an t-Aifreann á rá mar a bhí fad ó shin,
Beidh fir agus mná ann ag déanamh cráifigh,
Mar a d'ordaigh an Mhaighdean, Naomh Muire, dúinn.

PÉ'N ÉIRINN Í

I ngleann-ta séimhe na héig-se a bhím, I bhfann-tais péine i

ngéibh' gach laoi; An tseang-bhean ghlé ba bhéas-ach gnaoi Do

scan-raigh mé, pé'n Éi - rinn í, pé'n Éi - rinn í.

I ngleannta séimhe na héigse a bhím,
I bhfanntais péine i ngéibh' gach laoi,
An tseangbhean ghlé ba bhéasach gnaoi,
Do scanraigh mé, pé'n Éirinn í, pé'n Éirinn í.

Ní thráchtfaidh mé ar chéile Naoise,
A thug ár na nGael ar théacht don Chraobh,
Ná an bháb on nGréig a chéas an Traí,
Le grá mo chléibh, pé'n Éirinn í, pé'n Éirinn í.

Is breá, deas, dréimreach, réidh a dlaoi,
Go barr an fhéir ina slaod ar bís;
A tláthfholt réidh de dhéalramh an flíos,
Ar ghrá mo chléibh, pé'n Éirinn, pé'n Éirinn í.

Is cásmhar, taodach, déarach a bhím,
Go cráite, créimeach, céasta ón mhnaoi,
Is fánach, faon gan chéill ar baois,
Le grá don bhé, pé'n Éirinn í, pé'n Éirinn í.

Ar nóin nuair a théim ar thaobh Suí Finn
Faoi bhrón i gcéin is gan aon de mo bhuíon
Cé sheolfadh Aon Mhac Dé i mo líon
Ach stór mo chléibh, pé'n Éirinn í, pé'n Éirinn í.

PLÉARACA NA RUARCACH

Pléar - a - ca na Ruar - cach i gcuimh - ne gach ui - le dhui - ne, Dá
dtioc - fadh, dá dtáin - ig is dá mair - eann go fóill;
Seacht bhfich - id muc a - gus mart a - gus cao - ra, Dhá
gcas - cairt don ghas - raí gach aon lá. Céad

phái uis - ce bhea - tha 'sna mead - raí dhá líon - adh, Ag

éi - rí ar maid - in is a- gainn a bhí spórt;

Bris - each do phíop - a- sa, sla - dadh mo phó - ca - sa,

Goid - eadh do bhrís - te - sa, lois - ceadh mo chló - ca - sa,

Chaill mé mo bhear - ad is m'fhall - aing is m'fhil - ead, Ó

d'im - igh na gair - éad ar seacht mbeann - acht leo, Cuir

spraic ar an gclair - seach, seinn suas an pléar - a - ca, An

bos - ca sin, 'Ái - ne, agus grea - dóg le n - ól.

Pléaraca na Ruarcach i gcuimhne gach uile dhuine
Dá dtiocfadh, dá dtáinig is dá maireann go fóill;
Seacht bhfichid muc agus mart agus caora
Dhá gcascairt don ghasraí gach aon lá.
Céad pháil uisce bheatha is na meadraí dhá líonadh,
Ag éirí ar maidin is againn a bhí spórt;
Briseadh do phíopa-sa, sladadh mo phóca-sa,
Goideadh do bhríste-sa, loisceadh mo chlóca-sa,
Chaill mé mo bhearad is m'fhallaing is m'fhilead,
Ó d'imigh na gairéad ar seacht mbeannacht leo.
Cuir spraic ar an gcláirseach, seinn suas an pléaraca,
An bosca sin, a Áine, agus greadóg le n-ól.

Lucht leanúna na Ruarcach ag crátha a gcleití,
Tráth chuala siad tormán nó trompléasc an cheoil;
D'éirigh gach aon acu gan coisreaca óna leaba
Is a bhean leis ar strachailt i ngach aon chorn.
Nár láidir an seasamh don talamh a bhí fúthu
Gan réabadh le sodar is glug i ngach bróg.
Saol agus sláinte duit, a Mhaolsheachlainn Uí Fhionnagáin,
Dár mo láimh is maith a dhámhsas tú, a Mharsáil Ní Ghriodagáin,
'*Here's to you*, a mháthair, *I pledge you. God save you*',
Beir ar an scála seo, scag é i do scóig.
Craith fúinn an tsráideog, sín tharainn an bhánphluid,
Tugtar ár sáith dúinn de lionnchoirm chóir.

RÁITEACHAS NA TAIRNGREACHT'

A - réir is mé go tláith lag, go tabhartha tnáite in
eas - pa chirt, Sea dhear - cas ag teacht i mo
lá - thair an bhean dob áil - ne fionn - a - chruth. Bhí
gruaig a cinn go bú - clach buí ina
slaod - a síos go ta - lamh léi, Is le
glór a béil gur bhuail sí an draíocht ar
cheol - ta sí na Ban - ban, Is a chlan - na Gael na
n - á - rann, sin é rái - tea - chas na tair - ng - reacht'.

73

Aréir is mé go tláith lag, go tabhartha tnáite in easpa chirt,
Sea dhearcas ag teacht i mo láthair an bhean dob áilne fionnachruth.
Bhí gruaig a cinn go búclach buí ina slaoda síos go talamh léi,
Is le glór a béil gur bhuail sí an draíocht ar cheolta sí na Banban,
Is a chlanna Gael na n-árann, sin é ráiteachas na tairngreacht'.

Tiocfaidh aon-mhac phrionsa an chomhraic gurb anim dó siúd Bonaparte,
An t Impire is an Spáinneach ag cur gárda leis go hAlbain.
Ní bheidh siúd choíche sásta le háitreabh Rí na Sacsan a fháil,
Gan buachan cruinn le faobhar a gclaíomh go mbainfidh díol a n-athar
    dóibh,
Is a chlanna Gael na n-árann, sin é ráiteachas na tairngreacht'.

Tiocfaidh cabhair agus fuaim orainn, is béim' go léir go haiteasach,
Agus glaofaim' ar ár gcúnamh chun dúbailt' ins na rainceanaibh
Agus séidfim' adharc is biúgal, galltrump' ar dtús an chatha amuigh,
Beidh smáil is bleást an phúdair ag baint smúit as croíthe na Sasanach,
Is a chlanna Gael na n-árann, sin é ráiteachas na tairngreacht'.

An pílear glas ní fearrde é an áit go mbeidh a thaisteal ann,
Mar níl sa bhfear is fearr acu ach spreallairín dubh Sasanach
Agus sáfaim' fan a lár iad is ní taise do na hOrangemen
Go mbeadh fiacha dubha is a ngearrcaigh ag baint sásamh as a
    gcreathachaibh,
Is a chlanna Gael na n-árann, sin é raiteachas na tairngreacht'.

Le linn dul as an bpáirc daoibh, bainí go leir bhur hataí dhaoibh,
Is guí chun Muire Máthair an lá do dhul ar Ghall-phoic.
Beidh sagairt, easpaig, bráithre is an Pápa ceann na heaglaise,
Ag guí chun Dé gach lá le fonn an fán do chur ar Shasanaigh,
Is a chlanna Gael do crádh sinn ag ráiteachas na tairngreacht'.

RAITHINEACH A BHEAN BHEAG

Do chuireas mo ghearrchaile go Barra na hAoine
Ag iarraidh staimpí nó cácaí mílse,
Nuair a tháinig sí abhaile ní bhlaisfeadh fear an tí é,
Raithineach a bhean bheag déanfaimid arís é.
Raithineach a bhean bheag, a bhean bheag, a bhean bheag,
Raithineach a bhean bheag, staimpí agus im air,
Raithineach a bhean bheag, a bhean bheag, a bhean bheag,
Raithineach a bhean bheag is déanfaimid an císte.

75

Tá tigh mór fairsing i mBarra na hAoine:
Bíonn bean acu á ghlanadh is bean eile acu á scríobadh,
Bean eile acu á fháscadh os cionn corcáin ar a dícheall
Is seanbhean ar a corraghiob á leathadh ar an ngríosaigh.
Raithineach *srl.*

Nuair a ghluaiseann Máire, Siún agus Síle,
Nóra agus Cáit is sásta a bhíd siad,
An juga ar an gclár is a cháirt dá líonadh,
Is mo cheol go brách sibh, a mhná cois Aoine.
Raithineach *srl.*

SAGART NA CÚILE BÁINE

Thug mise an ru-aig ó Tho-bar Mhic an
Duain A-gus chu-gat a-nuas le fá-
na, Ó Chon-tae na Mí go dtí Loch Dear-g na
naomh, a-gus chu-gat a-nuas Cruach Phá-draig
Ar shiúil mé go fóill níor chua-la mé aon
cheol ar or-gán, fliúrt nó clair-
seach, Mar a bhí ag an lon i dteach pobail Mhaigh
Eo ag sa-gart na cúi-le bái-ne.

Thug mise an ruaig ó Thobar Mhic an Duain, agus chugat anuas le fána,
Ó Chontae na Mí go dtí Loch Dearg na naomh, agus chugat anuas Cruach
  Phádraig.
Ar shiúil mé go foill níor chuala mé aon cheol ar orgán, fliúit nó cláirseach,
Mar a bhí ag an lon i dteach pobail Mhaigh Eo ag sagart na cúile báine.

Má théann tú go deo go Contae Mhaigh Eo, cuir tuairisc ar fhear de
  Sheoigeach,
Agus gheobhaidh tú é ag teacht chugat sa ród mar a bheadh aingeal as
  ríocht na glóire.
Téigh ar do ghlúine agus aithris do rún dó, gur peacach tú a ghluais i ngach
  ceard,
Is ar uair ár mbáis na flaithis go bhfaighfeá ó shagart na cúile báine.

Éirígí suas go dtéimid chun siúil go bhfaighimid siúd ón bPápa,
Is go bhfaighimid léas ar theach pobail Mhaigh Eo, do shagart na cúile
  báine.
Éirígí suas go dtéimid chun siúil go bhfaighfim' sagart na cúile báine,
A d'imigh aréir is nach bhfillfidh go héag, mar tá sé i Loch Éirne báite.

Tá Contae Mhaigh Eo faoi leatrom go deo ó cailleadh an t-aonmhac
  Seoigeach,
Is go gcuirfeadh sé bród ar aon duine beo a d'fheicfeadh é san eadach Dé
  Domhnaigh.
Chuirfeadh sé séala ort ag dul ins an chré duit, agus gheobhadh sé na grásta
  ó Chríost,
Óró, chuirfeadh sé ar an eolas an té nach mbeadh cóir is go múinfeadh sé an
  treoir dó díreach.

Níorbh ionadh liom féin dá lasfadh an t-aer is an réaltaí chomh dubh le
  hairní,
An dealramh ón ngréin is an ghealach í féin ó cailleadh ceann seasta na
  háite.
Paidir is cré an dá aspal déag in onóir do Rí na Glóire,
Gan sinn a chur i gcré nó go mínítear an scéal ar shagart na cúile báine.

SEACHRÁN CHAIRN tSIAIL

Ar mo tharraingt siar go Carn tSiail dom go haon - ach
blian - túil na Féil' Muir - e Mór tharla an
ain - nir as an taobh a- niar dom Is í go
cian - mhar 'gabháil tharam sa ród Dar liom
féin ó gur scar mo chiall uaim mar bheinn ag
siabh - rán nó seal ag ól, Chonacthas
dom - sa gur dhorch' an ghrian gheal le taobh 'ach
deal - raimh 'raibh ina grua mar rós.

Ar mo tharraingt siar go Carn tSiail dom,
Go haonach bliantúil na Féil' Muire Mór
Tharla an ainnir as an taobh aniar dom
Is í go cianmhar 'gabháil tharam sa ród.
Dar liom féin, ó, gur scar mo chiall uaim
Mar bheinn ag siabhrán nó seal ag ól,
Chonacthas domhsa gur dhorcha an ghrian gheal
Le taobh 'ach dealramh 'raibh ina grua mar rós.

78

Bheannaíos féin go preab don mhaighdean
Agus feasbhaidh céille ní raibh in mo ghlór,
D'fhiafair mé féin dí 'raibh aon fhear in Éirinn
A ghlacfadh sí 'e roghain orm ins an ród.
D'fhiafair sí domhsa cá raibh mo léine,
Mo bhuig, mo bhéabhar, 's gan fiú na mbróg,
Go mb'annamh a chonaic sise sac mar éideadh
Ar fhear ag bréagadh cailín óg.

A chúileann fáinneach, má thug mé grá duit
Ná cuir i gcás mé fá bheith gan dóigh,
Agus gheobhaidh tú aoibhneas ar hallaí bána,
Fíon na Spáinne gheobhair seal le hól.
D'fhiafair sí domhsa an mar siúd ba ghnách liom
Bheith ag siúl na n-ardán ar bheagán stró.
Is é duirt mé léithi nár chleacht mise 'athrach,
Ach ainnir álainn agus gloine ar bord.

Níl siúd áit ó íochar Fhanad
Nach bhfuil mé i ngrá le bean nó dhó,
Bean sna Rosa thiar i Mín na Manrach,
Ó thaobh Ghleann Átha 'go dtí 'n Mhucais Mhór,
Dís i mBaoilleach, dís i mBáineach,
Bean in Árainn 's a chois Ghaoth Dobhair,
Ó Leitir Ceanainn go dtí mullach Gháigin
'S go Curraoin Mhanuis a chois an róid.

SÉAMUS MAC MURCHAIDH

A Shéa-muis 'Ac Mhur-chaidh, a rí-mhar-caigh chlúi-tigh, a phlan-da den fhíor-fhuil a shíol-raigh o uais-le, Cad chui-ge nár smaoin-tigh tú ar do dhaoi-ne 'bheith do ruai-geadh, Nuair nár éa-laigh tú san oí-che su-lar díoladh faoi do luach thú.

79

A Shéamuis 'Ac Mhurchaidh, a rí-mharcaigh chlúitigh
A phlanda den fhíorfhuil a shíolraigh o uaisle,
Cad chuige nár smaointigh tú ar do dhaoine 'bheith 'do ruaigeadh,
Nuair nár éalaigh tú san oíche sular díoladh faoi do luach thú?

Ó fágadh mé in Ard Mhacha is ba bhocht liom mo chás ann:
Cha dtuigfeadh siad mo ghlórthaí mura labharfainn leo Béarla,
Bhí sloitire cachach ann, an cailleach spáig-éarrach,
Ach is í mo londubh an bhean dubh i ngleanntáin an tsléibhe.

Ó triallfaidh mo thórramh tráthnóna Dé hAoine,
Is ar maidin Dé Domhnaigh ar na bóithre os íseal,
Beidh Cáit Óg Ní Dhónaill agus óg mhná bhur dtíre ann,
Is beidh mé ag éisteacht lena nglórthaí faoi na fóid is mé sínte.

SEÁN Ó DUIBHIR AN GHLEANNA

Ar m'éi- rí dom ar mai- din, grian an tsamh- raidh ag
tait- neamh, Chua- la an uaill dá cas- adh agus
ceol binn na n-éan; Broic is míolta gearra
creabhair na ngob-a fad-a, Fuaim ag an mac-all-a agus
lámh-ach gunnaí tréan. An sion- nach ru- a ar an
gcarr- aig, mí- le liú ag mar- caigh, Agus

80

bean go dubh - ach sa mbealach 'g áireamh a cuid

géan Ach a - nois tá an choill dá gearr - adh Triall - fai - mid thar

ca - ladh Is a Sheáin Uí Dhuibhir an

Ghlean - na, Tá tú gan géim.

Ar m'éirí dom ar maidin, grian an tsamhraidh ag taitneamh,
Chuala an uaill dá casadh agus ceol binn na n-éan;
Broic is míolta gearra, creabhair na ngoba fada,
Fuaim ag an macalla agus lámhach gunnaí tréan.
An sionnach rua ar an gcarraig, míle liú ag marcaigh,
Is bean go dubhach sa mbealach ag áireamh a cuid géan;
Ach anois tá an choill dá gearradh, triallfaimid thar caladh,
Is a Sheáin Uí Dhuibhir an Ghleanna, tá tú gan géim.

Is é sin mo uaigneas fada, scáth mo chluas dá ghearradh,
An ghaoth aduaidh am' leathadh agus bás insan spéir;
Mo ghadhairín suairc dá cheangail gan cead lúith no áistíocht,
Do bhaineadh gruaim den leanbh i meán ghil an lae.
Croí na n-uaisle ar an gcarraig go ceáfrach, buacach, beannach,
Do thiocfadh suas ar aiteann go lá dheire an tsaoil;
Is dá bhfaighinnse suaimhneas tamall ó dhaoine uaisle an bhaile,
Do thriallfainn féin ar Gaillimh agus d'fhágfainn an scléip.

SEOLADH NA nGAMHNA

'Siúl ó na coill-e seo go huaig-neach Dé
Céad-aoin Ca-sadh or-m óig-bhean sa
bhfá-sach 'Tó-raí-ocht na ngamh-na
sea óir a cuir-eadh mé, Is ceann ó ní
bhfaigh-idh mé go lá acu.

'Siúl ó na coille seo go huaigneach Dé Céadaoin,
Casadh orm óigbhean sa bhfásach,
Ag tóraíocht na ngamhna sea, óir, a cuireadh mé,
Is ceann, ó, ní bhfaighidh mé go lá acu.

Tá crainnín caorthainn fá bhun, ó, na coille seo,
Is beimid le chéile go lá bán ann,
Beimid inar suí le bánú geal na maidine
Is gheobhaimid na gamhna insan bhfásach.

Bheirim mo mhallacht do mhaoir na coille seo,
Is iad a d'fhág anseo le fán mé;
M'athair is mo mháthair go brónach sa bhaile,
Is gan gaire agam teacht ina láthair.

Anois, a stóirín, ó tá tú ag imeacht uaim,
Is ó thárla nach tusa atá i ndán dom,
Seo duitse póigín ar bharr mo chuid méara
Is, a stóirín, mo chúig chéad slán leat.

SÍOS AN SLIABH

'Gabhail síos an gleann domh maidin bhreá
Bhí 'n spéir gan ghruaim 's an ghrian ag taitneamh,
In uaigneas sléibhe is mé liom féin
Gur éalaigh mé síos fá bhruach an easa.
Cúrfá
Síos an sliabh is fríd an raithneach,
Síos an sliabh fá bhruach an easa,
In uaigneas sléibhe is mé liom féin
Gur éalaigh mé síos fá bhruach an easa,
Síos an sliabh.

'Gabháil fríd an mhóin mé 'drándán ceoil
Is mé chomh meadhrach leis na meannáin,
'S ea chonaic mé uaim an spéirbhean chiúin
'S í ag scuabadh an drúcht de fhraoch an ghleanna.
Cúrfá:

Ba mhór ár ngrá's ba deas an lá
Agus sinn linn féin i lár an fheannáin,
Gur luigh na néalta donna anuas
Ar bhlátha an fhraoich 's ar thaobh an ghleanna.
Cúrfá:

D'éirigh sí agus shiúil sí léi
'S níor inis sí domhsa a háit ná a hainm,
Ach dá mbínn i mo rí dhéanfainn banríon dí
Agus bhainfimis faoinn ar thaobh an ghleanna.
Cúrfá:

SLÁN LE CARRAIG AN ÉIDE

Slán a - gus dai - chead le cean - gail ceart
dío - grais Chun áit - reabh is baile ó Chill
Ait - chidh go Foinn - seann, An ban - tsliocht ina
gcleacht - ainn - se beath - uis - ce brío - mhar, Dán - ta le
n - aith - ris is srea - gair - eacht chaoin - phort.
Rin - ce agus pléi - reacht ag béi - thibh gan tlás
Scaoith bhruin - neall saor - a le mo thaobh - sa go

84

Slán agus daichead le ceangail ceart díograis,
Chun áitreabh is baile ó Chill Aitchidh go Foinseann;
An ban-tsliocht ina gcleachtainnse beath-uisce bríomhar,
Dánta le n-aithris is spreagaireacht chaoin-phort.
Rince agus pléireacht ag béithibh gan tlás,
Scaoith bhruinneall saora le mo thaobh-sa go sámh,
Go síodach, go séanmhar, go séimh sultmhar cáidh,
Is cantlach is is cathach le sealad mé i ndaoirse,
Go hámhgrach ag taisteal gan aiteas nó aoibhneas.

Mo shlánsa thar éinne san tsaol chun Liam ghil
Fear grámhar dea-mhéineach glan-tréitheach caoin ciallmhar,
Ráib sultmhar saor le féile do riaradh,
Na táinte go féastach in aol-bhrú le mian suilt;
Éigse na laoi-cheast, cléir, draoithe agus dáimh,
Tréad thaistil tíortha gach oíche agus lá,
Béithe agus saoithe, daill, naoidhin agus baird,
Go fiontach, go feolmhar, go beorach, go biamhar,
Go líomhar, go lonrach, go ceolmhar, go siansach.

Slán cuirim páirteach gan áireamh ó chéile
Chun Adhaimh, chun Seáin, chun Máire is chun Séamuis,
Slán chun Néill mhanla, caoin-ghrá is searc mo chléibhe
De fhuil ársa Eochaidh ádhmhair, a cheap dáimhe agus éigse.
Mo shlán chun an Róistigh, fear ceolmhar, guth-bhinn,
Le gairdeas do thógadh gach ceo-bhruid dem chroí.
Mo shlán chun gach óg-fhlaith ba mhian liomsa ariamh,
Le háthas fá thearman Charraig an Éide,
Ó mo fhan-rith dá gcasfainn ní scarfainn le mo ré libh.

SLIABH GEAL gCUA

A Shliabh geal gCua na féi - le, is fa - da uait i
gcéin mé, Im shuí cois cuain i m'aon - ar, go
treith - lag faoi bhrón. An tuile bhuí ar
thaobh díom, Idir mé agus tír mo chléibh - e Is a
Shliabh geal gCua na féi - le, nach géar é mo
Dá mbeinn - se i measc mo ghaol - ta i
Sceithín ghlas na séimh - fhear Nuair a scaip - eann teas na
gréin - e ó spéir gheal gan smál, Nó dá
mbeinn - se an - siúd faoin réal - ta nuair a thiteann drúcht ar
fhéar ann, Ó a Shliabh geal gCua nár

dhéirc   sin   dá   mb' fhéi - dir   é   a   fháil?

Ó, a Shliabh geal gCua na féile, is fada uait i gcéin mé,
I mo shuí cois cuain i m' aonar go tréithlag faoi bhrón;
An tuile bhuí ar thaobh díom idir mé agus tír mo chléibhe,
Is a Shliabh geal gCua na féile, nach géar é mo sceol.
Dá mbeinnse i mease mo ghaolta i Sceithín ghlas na séimhfhear
Nuair a scaipeann teas na gréine ó spéir gheal gan smál,
Nó dá mbeinnse ansiúd faoi na réalta nuair a thiteann drúcht ar fhéar
    ann
Ó, a Shliabh geal gCua, nár dhéirc sin, dá mb'fhéidir é a fháil.

'S é mo lean nach bhfuair mé tógáil le léann is mórchuid eolais,
I nGaeilge uasal cheolmhar ba sheolta mo bhéal,
Ó threabhfainn cuairt thar sáile is bhéarfainn bua thar barr chughat,
Mar, a Shliabh geal gCua, ba bhreá liom thú a ardú faoi réim.
Mo ghrása thall na Déise idir bhánta, ghleannta is shléibhte,
Ó shnámh mé anonn thar tréanmhuir táim céasta gan bhrí;
Ach ó b'áil le Dia mé a ghlaoch as, mo shlánsa siar go hÉirinn,
Agus slán le Sliabh na féile le saorghean ó mo chroí.

AN SPAILPÍN FÁNACH

Go deo deo arís ní rachad go Caiseal
Ag díol nó reic mo shláinte,
Nó ar mhargadh na saoire i mo shuí cois balla
I mo scaoinse ar leataobh sráide.
Bodairí na tíre ag teacht ar a gcapaill
Ag fiafraigh an bhfuilim híreálta.
Ó téanaim chun siúil, tá an cúrsa fada,
Seo ar siúl an Spailpín Fánach.

I mo Spailpín Fánach fágadh mise
Ag seasamh ar mo shláinte,
Ag siúl an drúchta go moch ar maidin
Is ag bailiú galair ráithe.
Ní fheicfear corrán i mo láimh chun bainte,
Súiste nó feac beag ramhainne,
Ach *colours* na bhFrancach os cionn mo leapan
Agus *pike* agam chun sáite.

AN SPEALADÓIR

Mo léan le lua is m'atuirse, is ní féar do bhaint ar teascanna
D'fhág céasta buartha m'aigne le tréimhse go tláth,
Ach éigse is suadh an tseanchais i ngéibheann crua is in anacra
Go tréith i dtuatha leathan Luirc gan réim mar ba ghnáth.
Is gach lonna-bhile borbchuthaigh tréanchumais d'fhás
De bhrolla-stoc na sona-chon do phréamhaigh ón Spáinn
Go cantlach faonlag easbuitheach, fá ghallsmacht ghéar ag danaraibh,
An camsprot claon do shealabhaigh a saorbhailte stáit.

Trím néal ar cuaird sea dhearcas-sa réaltann uasal taitneamhach
Go béasach buacach ceannasach ag téarnamh i mo dháil,
Ba dhréimreach dualach daite tiúbh a craobhfholt cuachach
   camarsach
Ag teacht go scuabach bachaleach léi in éineacht go sáil.
Ina leacain ghil mar cheapaid draoithe, éigse agus fáithe,
Gur sheasaimh Cúpid cleasach glic is gaethe ina láimh,
Ar tí gach tréanfhir chalma do thíodh ina gaor do chealga,
Tré ar claíodh na céadta faraire i ndaorchreataibh báis.

SRÁID AN CHLOCHÁIN LÉITH

An lá sin a d'fhág mise sráid an Chlocháin Léith,
Bhí na *bands of music* ag seinm i mo dhiaidh,
Bhí bóltaí ar mo chaoltaí is an síon ag dul i m'aghaidh,
Is ag teach mór Dhoire Locháin a d'ól mé mo sháith.

Ar maidin lá ar na mhárach i dteach na ngárda i mBealach Féich
Tháinig Parthalan Ó Baoill is thug sé dom *treat*
Ag dul anonn ar Bhaile an Droichid dom ba bhrónach a bhí mé,
Is ag príosún dubh Leifearr fuair mé deireadh achan scéil.

Tháinig an chaoinbhean san oíche nuair a bhí mé liom féin
Le mo shábháil ar abaraigh nó ar Bhotany Bay;
Tháinig sí arís nó gur phóg mo bhéal,
'Ná codail ar do ghnóithe, tá do scríbhinn bheag réidh'.

Nuair a théim seal ag cuartaíocht thart suas fá na haird,
'S é Mícheál mo chomrádaí, é féin is Mac Comhaill,
Inis os íseal do Niall Dhoiminic Óig
Go bhfuil mise gaibhte i bpríosún fá bhuarach na bó.

Beir scéala uaim go hÁrainn ionnsair Mháire Fhéilimidh Óig,
Go hArd Pholl an Mhadaidh, áit a mbíonn an t-aos óg,
Inis do na cailíní a d'fhág mé faoi bhrón
Go mbeidh mise sa bhaile acu Féile Pádraig is mé ag ól.

AN TÁILLIÚR AERACH

Ding dong dedilum, buail sin, séid seo,
Ding dong dedilum, buail sin, séid seo,
Ding dong dedilum, buail sin, séid seo,
D'imigh mo bhean lets an táilliur aerach.

Ní maith a ním féin tua nó corrán,
Ní maith a ním féin ramhan nó sleán,
Ó d'imigh uaim mo stuaire mná
Le gaige trua gan bhuar gan sparán.
Ding dong *srl*.

A bhean úd thíos an bhrollaigh ghléigil,
B'fhearr duit filleadh is na builg do shéideadh
Ná do ghabha maith féin go bráth a thréigean
Is a thriall leis táilliúr ar fud na hÉireann.
Ding dong *srl*.

Cá bhfuil mo bhuachaill? Buail sin, séid seo.
Cá bhfuil mo neart agus snas mo cheirde?
Cá bhfuil mo radharc? Tá an adharc ar m'éadan
Ó d'éalaigh mo bhean leis an táilliur aerach.
Ding dong dedilum, buail sin, séid seo,
Ding dong dedilum, buail sin, séid seo.
D'imigh mo bhean lets an táilliúr aerach,
Is ní thabharfadh mo chosa mé ar sodar fad téide.

TÁ MÉ I MO SHUÍ

Tá mé i mo shuí ó d'éi-righ an
ghea-lach a-réir Ag cur ti-ne
síos go buan is á fa-dú go géar
Tá bun-adh an tí in-a luí is tá
mi-se liom féin Tá na coi-ligh ag
glaoch is tá an saol in-a gcodladh ach mé.

Tá mé i mo shuí ó d'éirigh an ghealach aréir,
Ag cur tine síos go buan is á fadú go géar;
Tá bunadh an tí ina luí is tá mise liom féin,
Tá na coiligh ag glaoch is tá an saol ina gcodladh ach mé.

'Scheacht mh'anam déag, do bhéal, do mhalaí is do ghrua,
Do shúil ghorm ghlé faoinar thréig mise aiteas is suairc;
Le cumha i do dhiaidh ní léir dom an bealach a shiúl,
Is a chara mo chléibh, tá an saol ag dul idir mé is tú.

'S é deir lucht léinn gur cloíte-an galar an grá.
Char admhaigh mé féin é go ndearna sé mo chroí istigh a chrá;
Aicíd ró-ghéar, faraoir nár sheachain mé í,
Chuir sí arraing is céad go géar trí cheartlár mo chroí.

Casadh bean sí dom thíos ag Lios Bhéal an Átha,
D'fhiafraigh mé díthe an scaoilfeadh glas ar bith grá;
Labhair sí os íseal i mbriathra soineanta sámha,
'An grá a théid fan chroí, cha scaoiltear as é go brach.'

THIAR I gCONNACHTA

Thiar i gConnachta atá mo lóistín,
Is is fada ó bhaile mo theach is m'áit chónaí,
Seolfaidh mé long ar an chéad mhí Fhómhar,
Is caithfidh mé an geimhreadh le mo mhíle stóirín.

Chuaigh mo mhuintir anonn go hAlbain
A dhéanamh cleamhnais le buachaill Sasanach;
Nuair a shíl mé féin gur stócach óg é
Cé fuair mé agam ach baintreach pósta.

93

Tá a fhios ag an tsaol nach baintreach a b'fhearr liom
Ach stócach óg agus aoibh an gháire air,
A labharfadh liomsa go ciúin is go céilli
Is a bhearfadh comhrá domsa i mo luí san oíche.

Och inniu agus och amárach,
Och inniu is chan och gan ábhar;
Tá an teach fuar folamh is tá m'fhocal briste,
Is níl aon deor de bhainne agam is gile ná an t-uisce.

THÍOS I DTEACH AN TÓRRAIMH

Thíos i dteach an tórraimh chuir mé eolas ar mo chailín donn,
Bhí a grua mar na rósaí is a béilín mar an siúicre donn.
Bhí mil ar bharr an ghéag ann is céir bheach ag bun na gcrann,
Bhí éisc na Finne ag léimnigh le pléisiúr mar a bhí sí ann.

Bhí mé lá go ceolmhar ar mo sheol is mé i gceann an tí,
Ag síordhul don cheol is ag cur na mbréag in iúl do ghrá mo chroí;
Ní chreidfeadh sí mo ghlórthaí mar shíl sí gur dá mealladh a bhínn,
Ach tá mé óg go leor i gconaí is ní phósfaidh mé ach mian mo chroí.

Is binn agus is ceolmhar a labhras gach éan i dtom,
Is deas gach uile shórt ann, is is ró-dheas mo chailín donn;
B'aici a fuair mise eolas ar mhórán is ar thuilleadh grinn,
Nach deas an rud subh na heorna bheith dá hól is í ag teannadh liom.

94

THUGAMAR FÉIN AN SAMHRADH LINN

Babóg na Bealtaine, maighdean an tsamhraidh,
Suas gach cnoc is síos gach gleann,
Cailíní maiseach go gealgáireach gléasta,
Thugamar féin an samhradh linn.
Samhradh, samhradh, bainne na ngamhna,
Thugamar féin an samhradh linn,
Samhradh buí na nóinín glégeal,
Thugamar féin an samhradh linn.

Thugamar linn é ón gcoill chraobhaigh,
Thugamar féin an samhradh linn,
Samhradh buí ó luí na gréine,
Thugamar féin an samhradh linn.
Samhradh, samhradh *srl*.

Tá an fhuiseog ag seinm is ag luascadh sna spéartha,
Áthas do lá is bláth ar chrann,
Tá an chuach is an fhuiseog ag seinm le pléisiúr,
Thugamar féin an samhradh linn.
Samhradh, samhradh *srl*.

TÓRRAMH AN BHAIRILLE

Sceolfad teastas ar shlóite Bhaile Mhic Óda mhaisúil mhúinte,
Leomhain lannamhar, ceolmhar, greannmhar, cumhactach, calma
   cúntach.
Is treóin do chleachtas gach ló gan lagadh orthu ól gan cheasna gan
   chúinse,
Is is mór an t-aiteas go deo bheith eatarthu ar thórramh an bhairille
   dhiúgadh.

Stór ní thaisítear leo go dearfa, in ór nó in earraí ní chumhdaíd,
Ach mórchuid beathuisce is beoir in aisce gan spás dá scaipeadh ar
   an dúiche,
An dearóil má thagann gan lón ina spága do gheobhaidh an casca gan
   cúntas,
Le hól gan bacadh go bord na maidine ar thórramh an bhairille
   dhiúgadh.

TRÁTHNÓNA BEAG ARÉIR

Thíos i lár an ghleanna tráthnona beag aréir
Agus an drúcht ina dheora geala ina luí ar bharr an fhéir,
Sea casadh domsa ar ainnir ab áille gnúis is pearsa
Is í a sheol mo stuaim chun seachráin tráthnóna beag aréir.

Agus a Rí nár lách ár n-ealaín ag dul síos an gleann aréir,
Ag éaló fríd an chanach is ciúineas insan spéir?
A rún mo chléibh nár mhilis ár sugradh croí, is nár ghairid?
Ó, is a Rí na glóire gile, tabhair ar ais an oíche aréir.

97

Dá bhfaighinnse arís cead pilleadh agus labhairt le stór mo chléibh,
Nó dá bhfaighinnse bua ar chinniúint cér mhiste liom fán tsaol?
Shiúlfainn leat fríd an chanach is fríd mhéilte ar chiúis na mara,
Agus dúiche Dé dá gcaillfinn go bpógfainnse do bhéal.

TÚIRNE MHÁIRE

A Mháir-e chiúin tá an olann ar tiús a-nois le cúnamh an Ard-Rí, Cuir do thúirne a-rís i dtiúin is trí chos úr ón Spáinn faoi. Mol as Lon-dain, ceap as Luim-neach Cuig-eal as Laighin Uí Eá-ra, Sreang den tsíoda is fearr in Éir-inn is beidh do thúirn-e sás-ta. Curfá: Fa-la-la, fa-la-la, fa-la-la, fa-lé-rí, Fa-la-la, fa-la-la, fa-lú, fa-la, fa-lé-rí.

A Mháire chiúin, tá an olann ar tiús anois le cúnamh an Ard Rí,
Cuir do thuirne arís i dtiúin is trí chos úr ón Spáinn faoi.
Mol as Londain, ceap as Luimneach, cuigeal as Laighean Uí Eára,
Streang den tsíoda is fearr in Éirinn is beidh do thuirne sásta.
Fa-la-la, fa-la-la, fa-la-la fa-lé-rí,
Fa-la-la, fa-la-la, fa-lú, fa-la, fa-lé-rí.

'S é tuirne Mháire an tuirne sásta, shiúil sé roinnt mhaith d'Éirinn,
Níl cnoc nó gleann dá ndeachaigh sé ann nár fhág sé cuid dá thréithe.
Chaith sé lá in Iúr Cinn Trá ar lúb sna gleanntáin sléibhe,
Na síoga mná bhí ar taobh Chnoc Meadha do shníomh leis *lawn* is
    cambric.
Fa-la-la *srl*.

ÚIRCHILL AN CHREAGÁIN

Ag Úirchill an Chreagáin sea chodail mé aréir faoi bhrón,
Is le héirí na maidne tháinig an ainnir fá mo dhéin le póig;
Bhí gríosghrua gartha aici agus loinnir ina céibh mar ór,
Is ba é íocshláinte an domhain a bheith ag amharc ar an ríon óig.

A fhialfhir charthanaigh, ná caitear thusa i néalta bróin,
Ach éirigh go tapaidh agus aistrigh liom siar sa ród,
Go tír dheas na meala nach bhfuair Galla inti réim go fóill,
Is gheobhair aoibhneas ar hallaí ag mo mhealladhsa le siansa ceoil.

A ríon is deise, an tú Helen fár tréaghdadh slóigh,
Nó aon de na naoi mná deasa Pharnassus thú, a bhí déanta i gcló?
Cá tír insan chruinne inar hoileadh thú, a réalt gan ceo,
Ler mhian leat mo shamhailse bheith ag cogarnaigh leat siar sa ród?

Ná fiafraigh domsa an cheist sin nó ní chodlaím ar an taobh seo den
    Bhóinn;
Is síoga beag linbh mé a hoileadh le taobh Ghráinne Óig';
I mbruíon cheart na-ollamh bím go follas ag dúscadh an cheoil,
Bím san oíche i dTeamhair is ar maidin i lár Thír Eoghain.

'S é mo ghéarghoin tinnis gur theastaigh uainn Gaeil Thír Eoghain,
Agus oidhrí an Fheadha gan seaghais faoi líg dár gcomhair;
Géaga glandaite Néill Fharasaigh nach dtréigfeadh an ceol,
Is a chuirfeadh éideadh fá Nollaig ar na hollaimh a bheadh ag
    géilleadh dóibh.

4/08(165384)